foraura 4º p. 2007

PARA APRENDER **DIREITO**

Direito Constitucional

Marcelo Galante

Dados Internacionais de Catalogação na Publicação (CIP)
(Câmara Brasileira do Livro, SP, Brasil)

Galante, Marcelo
Direito Constitucional / Marcelo Galante. -- São Paulo : Barros, Fischer & Associados, 2005. -- (Para aprender Direito ; 4)

Bibliografia.
ISBN 85-88749-81-5

1. Direito constitucional 2. Direito constitucional – Concursos – Brasil I. Título. II. Série.

05-6972 CDU-342 (81) (079.1)

Índice para catálogo sistemático:
1. Brasil : Concursos públicos : Direito constitucional 342 (81) (079.1)
2. Brasil : Direito constitucional : Concursos públicos 342 (81) (079.1)

PARA APRENDER **DIREITO**

Direito Constitucional

Marcelo Galante

Barros, Fischer & Associados

Barros, Fischer & Associados

Editores
Flávio Barros Pinto
Ricardo A. Fischer

PARA APRENDER DIREITO

Direito Constitucional

Direito Constitucional faz parte da coleção *Para aprender Direito*, editada pela Barros, Fischer & Associados, em parceria com o Exord – Instituto de Extensão em Direito.

Projeto gráfico
Maurício Cioffi

Capa e ilustrações
Tide Hellmeister

Edição e preparação
Márcia Menin

Revisão
Rosamaria Gaspar Affonso

Editoração eletrônica
DeAaZê Comunicação

Coordenação
Zito Sanna

Este livro é publicado pela editora Barros, Fischer & Associados Ltda., sob licença editorial do autor.

3ª edição – agosto de 2006

Endereços
Barros, Fischer & Associados Ltda.
Rua Ulpiano, 86, Lapa, São Paulo
CEP 05050-020
Tel./fax: 0(xx)11 3675-0508

Instituto Exord
Avenida Paulista, 171, 1.o andar
Tel.: 0 (xx)11 3372-2500
www.exord.com.br
exord@exord.com.br

Distribuição e vendas
Bafisa, tel.: 0(xx)11 3675-0508
Site: www.bafisa.com.br
E-mail: bafisa@uol.com.br

Impressão e acabamento
RR Donnelley Moore

Sobre o autor:
Marcelo Galante é advogado, mestrando em Administração, Comunicação e Educação com enfase em Políticas Públicas, professor de Direito Administrativo na Universidade São Marcos eprofessor de Direito Constitucional no Exord.

SUMÁRIO

1

CONCEITOS

Estado e seus elementos

Estado – Sociedade política com características próprias:

- **Povo** – Conjunto de pessoas que mantêm um vínculo, um pacto jurídico-político com o Estado, pelo qual se tornam parte integrante deste.
- **Território** – Espaço dentro do qual o Estado exerce sua supremacia sobre pessoas e bens; abrange, além da porção terrestre, o mar territorial, a plataforma continental, o espaço aéreo, navios e aeronaves.
- **Soberania** – No sentido político, poder de, coercitivamente, fixar competências. No sentido jurídico, poder de decidir em última instância.

Assim, o Estado não é um fim em si mesmo, mas um meio, um instrumento para a satisfação das necessidades do povo organizado politicamente sobre determinado território.

Formas de Estado

Simples – Unidade do poder político interno, exercitado de forma centralizada. Qualquer grau de descentralização depende da concordância do poder central.

Composto – Formado por mais de um Estado, existindo pluralidade de poderes políticos internos. Exemplos:

- **União real** – União de dois ou mais Estados sob o governo de um só rei, guardando um deles sua organização interna (ex.: Reino Unido de Portugal, Brasil e Algarves, de 1815 a 1822).
- **Confederação** – União permanente e contratual entre Estados para defesa externa, paz interna e outras finalidades. Os Estados confederados conservam a soberania, contando inclusive com a possibilidade de se desligarem da União (ex: Comunidade dos Estados Independentes – CEI).

- **Federação** – União de dois ou mais Estados para a formação de um novo, em que as unidades conservam a autonomia política, enquanto a soberania é transferida para o Estado federal (ex: EUA, Brasil).

Formas de governo

Monarquia – Governo de um só, caracterizado pela vitaliciedade, hereditariedade e irresponsabilidade do chefe de Estado.

República (do latim *res publica,* coisa pública) – Caracterizada pela efetividade, temporariedade e responsabilidade do chefe de Estado. São feitas eleições periódicas para a escolha deste, que deve prestar contas de seus atos para o povo ou para um órgão que os representa.

Sistemas de governo

Presidencialismo – Sistema de governo em que os poderes Executivo e Legislativo são **independentes**. As chefias de Estado e de governo são atribuídas a uma única pessoa, o presidente da República, eleito pelo povo, de forma indireta ou direta. Há mandato certo, participação no processo legislativo e separação entre o Legislativo e o Executivo, ou seja, o presidente não depende de maioria no Congresso para permanecer no poder e não pode ser destituído pelo Legislativo, a menos que cometa crime de responsabilidade que autorize o processo de *impeachment.*

Parlamentarismo – Sistema de governo em que o Executivo e o Legislativo são **interdependentes**. As chefias de Estado e de governo são atribuídas a pessoas distintas: a de Estado, ao presidente ou ao rei; a de governo, que conduz a política do Estado, ao primeiro-ministro, que não detém mandato, permanecendo no cargo enquanto tiver apoio da maioria dos parlamentares. Há interdependência dos poderes Legislativo e Executivo, pois compete ao Parlamento a escolha do primeiro-ministro.

Diretorial – Sistema de governo em que o poder político do Estado se concentra no Parlamento. Há absoluta subordinação do Poder Executivo ao Legislativo (ex.: Suíça).

Regimes políticos

São classificados de acordo com o grau de respeito à vontade do povo nas decisões estatais:

- **Democracia** (do grego *demos*, povo, e *kratia*, governo, poder) – "Todo poder emana da vontade popular; do povo, pelo povo, para o povo." Pode ser exercido de forma:
  - **Direta** – As decisões são tomadas diretamente pelo próprio povo em assembléias (antigas cidades gregas).
  - **Representativa** – As decisões são tomadas por representantes livremente escolhidos pelo povo.
  - **Semidireta** – Combinação das duas formas: democracia representativa com alguns instrumentos de participação direta do povo. É o regime da Constituição Federal de 1988 (art. 1.º, parágrafo único): "Todo poder emana do povo, que o exerce por meio de representantes eleitos ou diretamente, nos termos desta Constituição. A Constituição admite como formas de participação direta do povo o plebiscito, o referendo e a iniciativa popular (art. 14, I, II e III)".
- **Autocracia** – Poder ilimitado e absoluto de um só; não prevalência da vontade popular na formação do governo.

O Brasil é uma república federativa, constituindo-se em um Estado Democrático de Direito.

Em Resumo

Conceitos

Elementos do Estado: povo, território e soberania.

Formas de Estado: simples e composto.

Formas de governo: monarquia e república.

Sistemas de governo: parlamentarismo, presidencialismo e diretorial.

Regimes de governo: democracia e autocracia.

Preste Atenção

O Brasil é uma república federativa, constituindo-se em um Estado Democrático de Direito. A democracia brasileira é considerada semidireta, pois combina elementos da democracia direta, com a participação direta do povo nas decisões, com elementos da democracia representativa, em que as decisões são tomadas por representantes livremente escolhidos pelo povo.

2

Introdução ao Direito Constitucional

Conceito de Direito Constitucional

O Direito Constitucional é a base do direito público fundamental interno que estuda a Constituição, ou seja, a lei de organização do Estado, em seus aspectos fundamentais: forma de Estado; forma de governo; sistema de governo; modo de aquisição, exercício e perda do poder político; órgãos de atuação do Estado (tripartição das funções dos poderes Executivo, Legislativo e Judiciário); postulados da ordem econômica e social, limites à atuação do Estado (direitos fundamentais da pessoa humana).

Por ser o cerne do direito público interno – público, porque se refere às questões de interesses diretos do Estado; interno, pois pertence a um só Estado –, ocupa posição de superioridade em relação às outras ciências jurídicas, ou, nas palavras do professor José Afonso da Silva (*Curso de Direito Constitucional Positivo*, p. 34), com base na obra de Jorge Xifras Heras:

> Configura-se como Direito Público Fundamental por referir-se diretamente à organização e funcionamento do Estado, [...] na qual todas as demais disciplinas jurídicas centram seu ponto de apoio.

As demais normas jurídicas não podem contrariar, em hipótese alguma, dispositivos constitucionais.

Constituição: conceitos e fundamentos

Diversos podem ser os conceitos e fundamentos dados às Constituições, conforme as várias concepções existentes:

- **Sentido sociológico** – Para Ferdinand Lassalle (1825-1864), a Constituição é uma simples "folha de papel" que deve ser criada pela somatória das facções da sociedade, definidas por ele como "fatores reais de poder", que juntos formam uma Constituição real. Esta, quando passada para o papel, consiste na Constituição escrita. Porém, se a Constituição escrita não corresponde aos fatores reais de poder, a Constituição real prevalece.
- **Sentido político** – Para o jurista alemão Carl Schmitt (1888-1985), o aspecto político necessariamente antecede o jurídico, pois a Constituição é a decisão política fundamental sobre a forma de ser do Estado. Logo, a decisão política é a essência da Constituição. Por força dessa concepção, Schmitt criticou duramente a Constituição de Weimar, que, segundo ele, não teria cunho decisório. Essa finalidade política e decisória do sentido de Constituição pensado por Schmitt desenvolveu diversos conceitos de Constituição e identificou no preâmbulo da Constituição de Weimar uma pretensa necessidade de unidade do povo alemão, legitimando Adolf Hitler a aniquilar os ideais da Constituição de Weimar, que pregava a democracia sem a necessidade de derrogá-la.
- **Sentido jurídico** – Hans Kelsen (1881-1973) concebe a Constituição no aspecto puramente jurídico, sem qualquer interferência filosófica, política ou sociológica, ou seja, as questões que se encontram nessas esferas não devem ser resolvidas pelo jurista. O desdobramento de sua teoria, realizado por Norberto Bobbio (1909-2004), baseia-se na existência de uma norma hipotética fundamental, justificadora da existência de uma Constituição elaborada por um poder constituinte originário, à qual todos devem obediência. Kelsen interpretou a Constituição em dois sentidos:
  - **Lógico-jurídico** – Considera a Constituição a norma hipotética fundamental, que serve de base para a existência e validade da Constituição jurídico-positiva.
  - **Jurídico-positivo** – Entende a Constituição como a norma positiva suprema, o conjunto de normas que regulam as normas jurídicas gerais (Constituição no sentido material), e também como documento solene que abarca normas jurídicas alteradas somente por métodos diferenciados (Constituição em sentido formal).

Em Resumo

Introdução ao Direito Constitucional

O Direito Constitucional é a base do direito público fundamental interno que estuda a Constituição, ou seja, a lei de organização do Estado, em seus aspectos fundamentais: forma de Estado; forma de governo; sistema de governo; modo de aquisição, exercício e perda do poder político; órgãos de atuação do Estado (tripartição das funções dos poderes Executivo, Legislativo e Judiciário); postulados da ordem econômica e social, limites à atuação do Estado (direitos fundamentais da pessoa humana).

É o cerne do direito público interno: público, porque se refere às questões de interesses diretos do Estado; interno, pois pertence a um só Estado.

Preste Atenção

O Direito Constitucional ocupa posição de superioridade em relação às outras ciências jurídicas e, assim, as demais normas jurídicas não podem contrariar, em hipótese alguma, dispositivos constitucionais.

3

Classificação das Constituições

Uma Constituição pode ser:

a) **Quanto à forma:**

- **Constituição escrita** – Codificada em um texto único, é a base fundamental de todo o ordenamento jurídico, que deve segui-la em perfeita compatibilização com seus ditames, princípios e regras com verdadeira força normativa, como exalta Konrad Hesse.
- **Constituição não escrita** – Compõe-se de um conjunto de regras que não estão em um texto único, mas resultam de leis esparsas, da jurisprudência e dos costumes, ou seja, do Direito consuetudinário. A mutação da Constituição, nesses casos, não tem uma regra fixa ou um modo de elaboração, mas se dá com a evolução da sociedade e, por conseguinte, de todo o ordenamento jurídico que reflete essas mudanças.

b) **Quanto à elaboração:**

- **Constituição dogmática** – É elaborada por um órgão constituinte, investido no poder de criar o conjunto de normas fundamentais para o Estado. *Observação:* a Constituição escrita é sempre dogmática.
- **Constituição histórica ou costumeira** – Resulta da evolução histórica, dos costumes, das jurisprudências do povo de determinado Estado. *Observação*: a Constituição não escrita é sempre histórica.

c) **Quanto à origem:**

- **Constituição popular, democrática ou promulgada** – Deriva do trabalho de um órgão constituinte composto de representantes eleitos pelo povo com esse intuito.
- **Constituição outorgada** – Estabelecida sem a participação dos representantes legitimados pelo povo, é imposta pelo governante, independentemente do sistema ou forma de governo.

- **Constituição pactuada** – Origina-se de um compromisso entre duas classes políticas rivais. Historicamente cita-se a Magna Carta inglesa de 1215, firmada entre os barões (burguesia) e o rei João Sem-Terra (nobreza absolutista).

d) **Quanto à estabilidade** – As Constituições não são imutáveis, salvo exceções. Conforme a sociedade evolui, surge a necessidade de alterar a Constituição, pois esta existe justamente para refletir e acompanhar o desenvolvimento da sociedade que regula. Se a Constituição não possibilitasse a alteração de suas normas, haveria um verdadeiro engessamento do ordenamento jurídico, que é o reflexo da sociedade; se esta se altera, o texto constitucional, por conseguinte, deve acompanhá-la.
Com base nessa necessidade de alteração e acompanhamento da sociedade, o grau de estabilidade de uma Constituição será maior ou menor quando comparado com a forma de alteração de normas que estão em patamar inferior. Essa classificação demonstrará qual é o verdadeiro grau de estabilidade da Constituição, ou seja, se é mais difícil alterar a Constituição que uma lei ordinária ou complementar, por exemplo.
- **Constituição rígida** – Exige um procedimento especial e mais rigoroso de alteração de suas normas em comparação com os meios de alteração das demais normas existentes no ordenamento jurídico, que são normas infraconstitucionais.
- **Constituição flexível** – A alteração das normas constitucionais é idêntica à das normas infraconstitucionais; mais precisamente, segue o mesmo procedimento das leis ordinárias.
- **Constituição semi-rígida** – Contém uma parte flexível (regra formal) e uma parte rígida (regra material), como a Constituição do Império de 1824.

Alguns autores, entre eles Geraldo Ataliba e Alexandre de Moraes, defendem a existência da **Constituição super-rígida**, a qual, além da rigidez da exigência de procedimento mais formal e solene de alteração que o de normas infraconstitucionais, possui cláusulas que, mesmo respeitando essa rigidez, não podem ser alteradas – as denominadas cláusulas pétreas.

e) **Quanto à função:**
- **Constituição garantia ou clássica** – Garante os direitos pessoais e delimita o poder estatal (ex.: Constituição americana).
- **Constituição balanço** – É a Constituição "do ser". Limita-se a mapear e demonstrar a ordem existente; caso a realidade se altere, uma nova Constituição deve ser promulgada

- **Constituição dirigente** – É a Constituição "do dever ser". Não se limita a organizar o poder, vai além: determina a atuação do governo, impondo verdadeiras diretrizes políticas permanentes, ou seja, é a Constituição que dita a meta que o Estado deve atingir para alcançar o bem comum da sociedade.

f) **Quanto à extensão:**

- **Constituição concisa ou sintética** – Apresenta texto enxuto, curto, tratando apenas das regras básicas de organização do sistema político-jurídico do Estado, deixando as outras matérias a cargo da legislação infraconstitucional.
- **Constituição prolixa ou analítica** – Elaborada de forma extensa, minuciosa, contempla regras programáticas e normas formalmente constitucionais. Esse inchaço da Constituição adveio como forma de combater regimes ditatoriais, inserindo o máximo de direitos possíveis no texto constitucional. No entanto, também há certa dificuldade em governar com uma Constituição tão extensa, apressando sua reforma e desprestigiando a força normativa, conforme Conrad Hesse.

A Constituição brasileira de 1988, seguindo essas classificações, é:

- **escrita**, pois é codificada em um texto;
- **dogmática e democrática**, uma vez que foi elaborada pela Assembléia Nacional Constituinte, eleita pelo povo em 1986, com o propósito de restaurar, dentro da ordem jurídica constitucional, o Estado Democrático de Direito;
- **rígida**, visto que, para alterar a Constituição por meio de emenda, exige-se *quorum* mais formal e solene – três quintos das duas Casas do Congresso Nacional, em dois turnos de votação (art. 60, § 2.º, CF) –, enquanto uma lei ordinária, para ser deliberada, necessita de maioria absoluta e, para ser aprovada, apenas de maioria simples (art. 47, CF);
- **dirigente** (sem deixar de ser garantia), pois garante e diz como o poder deve atuar, mediante programas constitucionais, e, se estes forem de eficácia limitada, são solucionados pelo Poder Judiciário, por meio de mandado de injunção ou ação direta de inconstitucionalidade (ADIn) por omissão. Vale citar como exemplo o artigo 3.º, III, da CF, que tem como fundamento "erradicar a pobreza e a marginalização e reduzir as desigualdades sociais e regionais";
- **prolixa**, por abarcar uma quantidade gigantesca de direitos em seu texto.

Classificação ontológica das Constituições

Proposta por Karl Loewenstein, essa classificação baseia-se no fundo fático, real. O que importa observar é o que os detentores e destinatários do poder fazem com a Constituição na prática. Dessa forma, temos:

- **Constituição normativa** – Para que exista, é necessário que todos a cumpram lealmente e que esteja integrada na sociedade estatal e vice-versa. As normas da Constituição dominam todo o processo político ou este se adapta à Constituição.
- **Constituição nominal** – O caráter normativo de uma Constituição não deve ser considerado uma verdade absoluta, mas ser confirmado na prática. Caso o processo político não se adapte à Constituição, esta não tem cunho normativo. A função da Constituição nominal é meramente educativa e objetiva converter-se em uma Constituição normativa.
- **Constituição semântica** – Embora seja aplicada, a Constituição semântica tão-somente reflete a vontade exclusiva dos detentores do poder.

Na brilhante conclusão da professora Gisela Maria Bester quanto a essa classificação perante as Constituições brasileiras (*Direito Constitucional*, v. 1, *Fundamentos teóricos*, p. 94):

> Se fizermos uma reflexão destas classificações sobre a história constitucional brasileira, podemos dizer que em várias Constituições anteriores tivemos a predominância do qualificativo "semântica", e que em relação à atual lutamos ainda para que muitos dos seus dispositivos deixem de ser apenas "nominais".

Em Resumo

Classificação das Constituições

A Constituição Federal de 1988, com base na classificação das Constituições, é considerada: escrita, dogmática, democrática, rígida, dirigente – sem deixar de ser garantia – e prolixa.

Preste Atenção

O fato de a Constituição Federal de 1988 ser rígida não quer dizer que ela seja imutável. Ao contrário, a Constituição Federal é considerada rígida justamente porque pode sofrer alterações, porém, para que isso ocorra, necessita de um procedimento mais formal e solene que as espécies normativas infraconstitucionais (art. 60, § 2.º, CF).

4

Conteúdo, Estrutura e Elementos das Constituições

Conteúdo

Normas materiais

Dispõem sobre os aspectos fundamentais da estrutura do Estado, estejam inseridas ou não no texto constitucional. Portanto, o que importa é o mérito, o texto, a matéria de que trata a norma e não sua hierarquia formal. Para essa classificação, é plenamente possível uma norma que não se encontra na Constituição ser considerada constitucional por tratar de aspectos fundamentais do Estado, como também é possível uma matéria integrante da Constituição não ser considerada norma materialmente constitucional.

Nesse sentido, Carl Schmitt distingue o que denominou norma constitucional (no sentido material) e lei constitucional, que até faz parte do corpo da Constituição, mas não trata de sua base fundamental. Tal distinção constava na Constituição brasileira de 1824.

Seguindo essa mesma diferenciação, Hans Kelsen entende que a Constituição material é o conjunto de normas por meio das quais é regulada a produção das normas jurídicas gerais, podendo ser escritas ou não. Logo, a Constituição no sentido material, para Kelsen, guarda semelhança com a Constituição real de Lassalle.

Normas formais

São as normas inseridas no texto constitucional que não necessariamente sejam normas materialmente constitucionais. Para essa classificação, é importante observar o *status* da norma, ou seja, em que posição se encontra no ordenamento jurídico: entre as normas consideradas constitucionais ou abaixo destas (infraconstitucionais).

Observa-se na Constituição de 1988 um exemplo típico dessa modalidade no artigo 242, § 2.º, que disciplina: "O Colégio Pedro II, localizado na cidade do Rio de Janeiro, será mantido na órbita federal". Ora, materialmente, poder-se-ia cogitar que a aludida norma não seria constitucional, pois não trata de aspectos fundamentais do Estado brasileiro, porém, formalmente, é uma norma constitucional pelo simples fato de integrar o texto da Constituição.

Estrutura

De modo geral, as Constituições, quando escritas, trazem a seguinte estrutura:

- **Preâmbulo** – Sintetiza os ideais e a finalidade da própria Constituição.
- **Parte Permanente** – É o conjunto de normas que formam o texto da Constituição.
- **Parte Transitória** – Disciplina regras oriundas do novo texto constitucional, como também regras de transição entre as Constituições.

As normas das Constituições costumam ser agrupadas em títulos, os quais, por sua vez, são divididos em capítulos e, depois, em seções e subseções, que reúnem artigos, com incisos e alíneas, conforme o conteúdo e o assunto. Existem também os parágrafos, que podem aparecer após os incisos ou imediatamente depois do *caput* do artigo.

Estrutura da Constituição de 1988

PREÂMBULO

Parte introdutória que contém a enunciação de certos princípios que refletem a posição ideológica do constituinte; portanto, é a síntese da ideologia do constituinte. Serve, também, de interpretação, porque traz princípios que são vetores das normas constitucionais e faz parte do chamado bloco de constitucionalidade, definido pela professora Gisela Maria Bester (*op. cit.*, p. 78), citando Favoreu:

> Refere-se, geralmente, aos "princípios e regras de valor constitucional" para designar o conjunto de normas situadas em nível constitucional, cujo respeito se impõe à lei!

Um exemplo é a referência ao nome de Deus. Dependendo da tolerância do Estado quanto à religião, será um Estado confessional, com uma religião oficial, ou um Estado leigo ou laico, com uma posição de neutralidade em matéria confessional (Igreja e Estado são instituições separadas). Com base nessa idéia, pode-se afirmar que o Estado brasileiro é leigo ou laico (art. 19, I, CF). A afirmação do nome de Deus no Preâmbulo, em um Estado leigo, não é contraditória, porque não envolve sectarismo; não há partido para nenhuma religião, e Deus é único para todas as religiões. Portanto, o Brasil é um Estado leigo, mas teísta, por expressar a existência de um Ser Supremo.

PARTE PERMANENTE

Essa parte contém nove títulos, que se dividem em capítulos, seções e subseções, conforme o conteúdo e o assunto. Os nove títulos são:

- Título I – Dos Princípios Fundamentais.
- Título II – Dos Direitos e Garantias Fundamentais.
- Título III – Da Organização do Estado.
- Título IV – Da Organização dos Poderes.
- Título V – Da Defesa do Estado e das Instituições Democráticas.
- Título VI – Da Tributação e do Orçamento.
- Título VII – Da Ordem Econômica e Financeira.
- Título VIII – Da Ordem Social.
- Título IX – Das Disposições Constitucionais Gerais.

PARTE TRANSITÓRIA

É composta pelos Atos das Disposições Constitucionais Transitórias (ADCT). Trata-se de normas constitucionais, pois fazem parte da Constituição, porém sua eficácia é temporária ou transitória. Muitas se exaurem imediatamente com a promulgação do texto (ex.: criação do Estado do Tocantins – art. 13, ADCT) ou mesmo estipulam prazo para seu exercício (ex.: revisão constitucional – art. 3.º, ADCT). Existem, ainda, atos que regulam transitoriamente matérias até o advento da lei (ex.: regramento da licença-paternidade, art. 10, § 1.º, ADCT).

Elementos

Embora o texto constitucional forme um sistema unitário de normas fundamentais, a doutrina as divide em elementos da Constituição, que se classificam em:

- **Elementos orgânicos** – Normas que estruturam o Estado, dispondo sobre sua organização e modo de funcionamento.

- **Elementos limitativos** – Normas que limitam a atuação estatal, para resguardar direitos considerados indispensáveis de cada pessoa, denominados direitos negativos, contra o Estado.
- **Elementos socioideológicos** – Normas que demonstram o compromisso da ordem constitucional, com base em seus princípios ideológicos.
- **Elementos de estabilização constitucional** – Normas que garantem a solução de conflitos constitucionais, demonstrando a supremacia da Constituição (ADIns), instrumentos de defesa do Estado e subsistência do pacto federativo (previsão constitucional de intervenção) e das instituições democráticas.
- **Elementos formais de aplicabilidade** – Normas que possibilitam a aplicação dos próprios dispositivos constitucionais.

Em Resumo

Conteúdo, Estrutura e Elementos das Constituições

De modo geral, as Constituições, quando escritas, trazem a seguinte estrutura:

- **Preâmbulo** – Sintetiza os ideais e a finalidade da própria Constituição.
- **Parte Permanente** – É o conjunto de normas que formam o texto da Constituição.
- **Parte Transitória** – Disciplina regras oriundas do novo texto constitucional, como também regras de transição entre as Constituições.

Preste Atenção

O Brasil é considerado um Estado teísta, pois em seu Preâmbulo traz referência expressa a Deus. Contudo, é um Estado laico ou leigo, visto que não adota nenhuma religião oficial.

5

Poder Constituinte

O poder constituinte é o poder de elaborar uma nova Constituição, bem como de reformar a vigente, quando necessário. Estabelece uma nova ordem jurídica fundamental para o Estado ou simplesmente altera o texto, adaptando-o e refletindo as necessidades dos cidadãos que compõem o Estado naquele momento. Tem como titular o povo e é exercido, em regra, por seus representantes, embora nem sempre essa titularidade enseje a adoção do Estado democrático, como ocorre em golpes de Estado e revoluções sangrentas, que necessitam do exercício do poder constituinte para oficializar seus regimes de exceção.

Existem duas espécies de poder constituinte: o originário e o derivado.

Poder constituinte originário (PCO)

É por meio desse poder que efetivamente ocorre a elaboração de uma nova Constituição em substituição à anterior. Através da história, diversas foram as formas de exercício do PCO. Por exemplo, a Constituição do Império de 1824, marco fundamental para a estruturação do país, que dois anos antes tinha se declarado independente de Portugal, resultou de uma drástica ruptura com o cenário político-jurídico até então existente; já a Constituição Federal de 1988 foi elaborada por uma Assembléia Nacional Constituinte, composta de representantes do povo designados para estabelecer o novo texto constitucional.

Características

- **Inicial** – Como o PCO cria uma nova ordem constitucional, ele detém o atributo de iniciar a nova base jurídica que servirá de parâmetro fundamental para todas as espécies normativas subordinadas, também denominadas infraconstitucionais.

- **Ilimitado e autônomo** – O PCO não está subordinado a nenhuma ordem jurídica preexistente. Portanto, eventuais limites ao exercício do PCO existentes na Constituição anterior não precisam ser respeitados pela nova ordem constitucional. Essa característica tem uma razão especial: se a conjuntura político-social de um povo necessita de uma nova Constituição, não há nexo em respeitar limites impostos por uma Constituição que, justamente por não refletir a vontade do povo, está sendo substituída.
- **Incondicionado** – Assim como eventuais limites impostos pela antiga Constituição ao exercício do PCO não precisam ser respeitados pela nova ordem constitucional, qualquer formalidade determinada pela Constituição anterior também não condiciona o exercício do PCO, que se auto-regulamenta.

Poder constituinte derivado (PCD)

Toda Constituição serve para individualizar um Estado, impondo seus elementos e características. No entanto, o trabalho exercido pelo PCO não é imutável, tampouco eterno. Sempre que houver necessidade de alteração do texto, os critérios e limites para essa reestruturação devem estar previstos no próprio texto inicial criado; caso contrário, a modernização e a compatibilização do texto constitucional com as novas concepções da sociedade não seriam viáveis e, assim, toda vez que a Constituição fosse alterada, automaticamente haveria uma ruptura constitucional e uma nova Constituição obrigatoriamente deveria ser editada.

Como a vontade de todo PCO é a de que sua criação constitucional se perpetue, ele mesmo contempla formas de revisão e emendas ao texto constitucional, como também cria o poder constituinte derivado, sempre respeitando limites, para não se perder a finalidade constitucional instituída pelo PCO.

Características

- **Derivado** – O PCD é previsto e criado pelo PCO, a fim de que este se perpetue ao longo do tempo.
- **Subordinado** – O PCD é subordinado ao PCO, com imposição de verdadeiros limites. Vale citar como exemplo a limitação material disposta no artigo 60, § 4.º, da CF, que estabelece que determinadas matérias não podem ser objeto de deliberação de emenda constitucional, ou seja,

enquanto viger a Constituição, jamais poderão ser alteradas, motivo pelo qual são chamadas de cláusulas pétreas.

- **Condicionado** – O PCD se submete a limites formais, ou seja, para ser exercido, há obrigatoriedade de respeitar as regras dispostas pelo PCO. Exemplificando, para que uma emenda constitucional seja aprovada, deve ser votada em cada Casa do Congresso Nacional em dois turnos de votação, desde que atinja a maioria especial de três quintos (art. 60, § 2.º, CF).

Espécies

PODER CONSTITUINTE DERIVADO REFORMADOR

É o poder que altera as normas constitucionais. A atual Constituição do Brasil prevê duas hipóteses desse tipo de alteração:

a) **Revisão constitucional** – Prevista no artigo 3.º dos Atos das Disposições Constitucionais Transitórias, já foi realizada, cinco anos após a promulgação da Constituição de 5 de outubro de 1988, exigindo-se apenas maioria absoluta para amplas modificações no texto constitucional, conforme estabelecido pelo PCO.

b) **Emendas à Constituição** – Como essas modificações são a exteriorização do PCD, encontram limites dispostos pelo PCO, consagrados no artigo 60 da CF.

O primeiro limite é de ordem procedimental. O *caput* do referido artigo prevê a possibilidade de emenda constitucional, mas apenas mediante proposta:

- de um terço dos membros da Câmara dos Deputados ou do Senado Federal (natureza coletiva);
- do presidente da República (natureza singular);
- de mais da metade das Assembléias Legislativas das unidades da Federação, manifestando-se, cada uma delas, pela maioria relativa de seus membros (natureza coletiva).

O § 2.º do artigo 60 dispõe sobre os limites procedimentais relativos à votação. A proposta de emenda será discutida e votada em cada Casa do Congresso Nacional (Câmara e Senado), em dois turnos, necessitando, para ser aprovada, de três quintos dos votos dos membros de cada Casa. Logo, uma emenda só será aprovada se votada quatro vezes por três quintos da maioria absoluta. É por isso que a Constituição de 1988 é considerada rígida – o *quorum* para alteração é mais rígido e solene que as formas de alteração de normas infraconstitucionais.

No § 3.º do artigo 60, há o limite procedimental quanto à promulgação. A emenda será promulgada pelas Mesas da Câmara e do Senado. Dessa maneira, não existe veto presidencial em emenda à Constituição.

Além desses limites procedimentais, existem os limites circunstanciais, presentes no § 1.º do aludido artigo. A Constituição não poderá ser emendada na vigência de intervenção federal, de estado de defesa ou de estado de sítio.

Já o § 5.º do artigo 60 estabelece limites temporais. A emenda constitucional rejeitada não pode ser novamente proposta na mesma sessão legislativa. Cumpre lembrar que a sessão legislativa corresponde ao ano civil e que uma legislatura equivale a quatro sessões legislativas.

Existem ainda os limites materiais, dispostos no § 4.º do mesmo artigo. Como visto anteriormente, determinadas matérias não podem sequer ser objeto de deliberação de emenda tendente a abolir: a forma federativa do Estado; o voto direto, secreto, universal e periódico; a separação dos poderes; os direitos e garantias fundamentais. Trata-se de cláusulas pétreas.

- **Forma federativa** – Assegura a autonomia dos Estados membros da Federação, a capacidade de auto-organização com Constituições próprias (art. 25, CF).
- **Voto direto, secreto, universal e periódico** – Portanto, proposta de emenda que torne o voto facultativo é plausível, pois não se encaixa em nenhuma das características do voto elencadas no inciso II do § 4.º do artigo 60 da CF.
- **Separação dos poderes** – O poder é uno, mas suas funções são tripartidas entre os poderes Legislativo, Executivo e Judiciário, independentes e harmônicos entre si (art. 2.º, CF). Não pode haver emenda abolindo um dos poderes ou mesmo retirando competência originária de um poder e delegando-a a outro, pois tal emenda tenderia a abolir a separação dos poderes.
- **Direitos e garantias fundamentais** – São os direitos individuais (art. 5.º, CF), os direitos sociais (art. 7.º, CF) e os direitos políticos (arts. 13 e segs., CF). Cumpre lembrar que os direitos individuais consagrados no artigo 5.º são cláusulas pétreas e, portanto, nunca poderão ser modificadas pelo PCD.

PODER CONSTITUINTE DERIVADO DECORRENTE

Atualmente, o Brasil adota a forma federativa de Estado, a qual, durante a vigência da Constituição Federal de 1988, não poderá ser alterada (cláusula pétrea do artigo 60 da CF). Os Estados membros têm autonomia para se auto-organizarem por leis, governantes e orçamentos próprios, desde que respeitem a soberania federal. A forma federativa, adotada também por países como os Estados Unidos, garante liberdade aos Estados membros por meio de Constituições estaduais, possibilidade prevista no artigo 25 da CF.

Em Resumo

Poder Constituinte

O poder constituinte divide-se em:

- **Poder Constituinte Originário (PCO)** – Cria uma nova Constituição. É inicial, ilimitado, autônomo e incondicionado, ou seja, não encontra limites na Constituição anterior, tendo em vista que surgiu justamente para revogá-la.
- **Poder constituinte derivado (PCD)** – Como os preceitos do PCO precisam ser alterados para acompanhar a evolução da sociedade, ele cria a possibilidade do exercício do poder constituinte derivado, que tem seus limites, condições e subordinações traçados pelo próprio PCO.

Preste Atenção

Entre os limites ao exercício do poder constituinte derivado encontram-se os limites às emendas constitucionais dispostos no artigo 60 da CF, que são de ordem procedimental, circunstanciais, temporais e materiais. Estes últimos, constantes no § 4.º do referido artigo, são definidos como cláusulas pétreas, pois não podem ser objeto de deliberação de emenda que tenda a aboli-los.

6

Eficácia das Normas Constitucionais

Todas as normas constitucionais possuem certa eficácia jurídica, mas nem sempre produzem todos os seus efeitos. Essas normas, dependendo de certos critérios, terão maior ou menor grau de aplicabilidade.

Primeira classificação

A primeira classificação, oriunda dos Estados Unidos, distingue as normas auto-executáveis das normas não executáveis: as primeiras não dependem de complementação de outra norma para que se tornem exeqüíveis; as segundas, sim. Um exemplo é o disposto no inciso XXI do artigo 7.º da CF, que garante aos trabalhadores urbanos e rurais o direto de "aviso prévio proporcional, no mínimo de trinta dias, **nos termos da lei**" (destaque nosso). Isso quer dizer que, enquanto a mencionada lei não for aprovada, promulgada e publicada, não haverá a possibilidade da plena aplicação do referido inciso, pois, para ser regulamentado, ele depende diretamente dessa lei que não existe.

Segunda classificação

Proposta pelo professor José Afonso da Silva, classifica as normas constitucionais conforme sua eficácia: plena, contida e limitada.

- **Normas constitucionais de eficácia plena** – Têm aplicabilidade imediata, não dependendo da atuação do legislador posterior. São as normas que, em si mesmas consideradas, contêm todos os elementos necessários para sua pronta e integral aplicação. Exemplo: "A República

Federativa do Brasil, formada pela união indissolúvel dos Estados e Municípios e do Distrito Federal, constitui-se em Estado Democrático de Direito [...]" (art. 1.º, CF). Esse artigo não necessita de regulamentação legislativa posterior para produzir todos os seus efeitos, ou seja, tem plena aplicabilidade desde 5 de outubro de 1988. Quando ingressou no ordenamento jurídico brasileiro, tornou o Brasil, juridicamente, um Estado Democrático de Direito com forma federativa.

- **Normas constitucionais de eficácia contida** – Assim como as normas de eficácia plena, têm aplicabilidade imediata, porém seu alcance pode ser contido, reduzido pela atuação do legislador ordinário, e essa possibilidade é prevista na própria norma. Por exemplo, o inciso XII do artigo 5.º da CF dispõe que "é inviolável o sigilo da correspondência e das comunicações telegráficas, de dados e das comunicações telefônicas, salvo, no último caso, por ordem judicial, nas hipóteses e na forma que a lei estabelecer para fins de investigação criminal ou instrução processual penal". Assim, é inviolável todo e qualquer tipo de sigilo expresso no referido inciso, com exceção do telefônico, cujo atributo de inviolabilidade pode ser retirado por lei ulterior.
- **Normas constitucionais de eficácia limitada** – São as normas que não contêm todos os elementos necessários para sua integral aplicação e só serão plenamente eficazes se forem definidas por lei integradora que as complete. O inciso XI do artigo 7.º, por exemplo, assegura "aos trabalhadores a participação nos lucros das empresas, **conforme definido em lei**" (destaque nosso). Assim, enquanto a lei não definir tal participação, essa norma não terá plena eficácia.

  Convém ressaltar que, embora as normas constitucionais de eficácia limitada não tenham total eficácia, elas possuem e produzem, desde logo, efeitos jurídicos, mesmo antes da existência da lei que lhes dê plena eficácia.

A norma de eficácia limitada pode ser de princípio institutivo ou programática. A primeira é aquela que inicia a estruturação de uma entidade, como a regulamentação de criação de território (art. 18, §2°, CF). Já a segunda estabelece um programa a ser desenvolvido pelo Estado, mediante regulamentação pelo legislador ordinário, como, por exemplo, o artigo 215 da CF, que prevê que o Estado garantirá a todos o pleno exercício dos direitos culturais e acesso às fontes da cultura nacional, e apoiará e incentivará a valorização e a difusão das manifestações culturais.

– **Efeito revogador** – A norma constitucional de eficácia limitada integra o corpo da Constituição Federal. Portanto, se uma norma anterior à Constituição não fosse compatível com a referida norma constitucional de eficácia limitada, estaria revogada. Por exemplo, caso uma lei anterior à Constituição de 1988 proibisse a participação nos lucros, como profere o artigo 7.º, XI, estaria revogada (efeito revogador).
– **Efeito paralisante** – Assim como normas anteriores à norma constitucional de eficácia limitada que não sejam compatíveis com esta estariam revogadas, uma lei posterior à referida norma que também não corroborasse com seus ditames seria inviável, ou seja, o Congresso Nacional não poderia editar uma norma infraconstitucional incompatível com a norma constitucional, mesmo que esta fosse de eficácia limitada, pois estaria engessado, paralisado pela Constituição, a qual jamais pode ser contrariada por lei infraconstitucional.

Terceira classificação

Proposta pela professora Maria Helena Diniz, distingue as normas de acordo com a eficácia: absoluta, relativa restringível e relativa complementável (ou dependente de complementação).

- **Normas constitucionais de eficácia absoluta** – São as normas que, enquanto viger a Constituição Federal, não podem ser alteradas, ou seja, são as cláusulas pétreas. Observe-se que nem sempre uma norma constitucional de eficácia plena é absoluta, pois, embora seja auto-executável, pode ser emendada.
- **Normas constitucionais de eficácia relativa restringível** – Embora tenham plena aplicabilidade, admitem restrição, ou seja, esse conceito assemelha-se ao de normas constitucionais de eficácia contida do professor José Afonso da Silva.
- **Normas constitucionais de eficácia relativa complementável (ou dependente de complementação)** – Não têm plena aplicabilidade, dependendo de norma ulterior que as complemente, embora produzam certos efeitos desde sua edição, ou seja, esse conceito assemelha-se ao de normas constitucionais de eficácia limitada do professor José Afonso da Silva.

Em Resumo

Eficácia das Normas Constitucionais

As normas constitucionais têm diferentes espécies de eficácia, entre elas:

- **Normas de eficácia plena** – Desde a edição produzem todos os seus efeitos, sem necessitar de complemento de norma regulamentadora.
- **Normas de eficácia limitada** – Produzem certos efeitos, porém, para atingir toda a eficácia, necessitam posteriormente de uma norma regulamentadora.
- **Normas de eficácia contida** – Ingressam no ordenamento jurídico com plena eficácia, mas elas mesmas autorizam a superveniência de norma ulterior que as restrinja.

Preste Atenção

As normas constitucionais de eficácia limitada são exatamente o inverso das normas de eficácia contida. Enquanto as primeiras, que para produzir plena eficácia, necessitam de norma regulamentadora, as segundas já ingressam no ordenamento jurídico com plena eficácia, mas autorizam que uma norma posterior as restrinja.

7

Fenômenos Decorrentes de Mudança da Constituição

Sempre que ocorre uma ruptura com a ordem constitucional até então vigente e uma nova Constituição é criada, surgem discussões, pois, com a mudança, as normas até então vigentes e compatíveis com a antiga ordem constitucional podem não estar em vigor, por justamente não serem mais constitucionais com a nova sistemática. Algumas teorias solucionam esses conflitos.

Teoria da Recepção

Assegura a preservação do ordenamento jurídico inferior e anterior à nova Constituição que com ela se mostre materialmente compatível. Assim, se uma norma anterior à nova Constituição for compatível com ela, essa lei será recepcionada, encontrando novo fundamento de validade e eficácia. Caso não seja recepcionada, a norma será revogada (e não declarada inconstitucional), por ser incompatível com a nova Constituição.

Tal compatibilidade que se dá com a recepção da antiga lei restringe-se a seu aspecto material, pouco importando a forma pela qual foi revestida. Assim, todos os decretos-leis (figura normativa que a atual Constituição extinguiu) que se mostrarem materialmente compatíveis com a nova Constituição serão recepcionados.

Teoria da Repristinação

Corresponde ao restabelecimento da vigência da lei revogada pela revogação da lei que a revogou. Se a lei "A" é revogada pela lei "B", é esta que estará vigente. Se sobrevier uma nova lei "C" revogando a lei "B", a lei "A" será restabelecida.

Observação

Não existe repristinação no Direito brasileiro, salvo disposição em contrário.

Teoria da Desconstitucionalização

Representa a possibilidade de recepção pela nova ordem constitucional, como leis ordinárias, de regras apenas formalmente constitucionais da Constituição anterior que não tenham sido repetidas nem contrariadas pela nova. Assim, embora a referida norma prevista na Constituição revogada não seja incompatível com a nova Constituição, não foi prevista por esta e continuaria integrante do ordenamento jurídico com *status* de norma infraconstitucional.

Observação

Não se adota essa teoria no Brasil, tendo em vista que a nova Constituição ab-roga a Constituição anterior.

EM RESUMO

FENÔMENOS DECORRENTES DE MUDANÇA DA CONSTITUIÇÃO

Teoria da Recepção – Assegura a preservação do ordenamento jurídico inferior e anterior à nova Constituição que com ela se mostre materialmente compatível.

Teoria da Repristinação – Corresponde ao restabelecimento da vigência da lei revogada pela revogação da lei que a revogou.

Teoria da Desconstitucionalização – Representa a possibilidade de recepção pela nova ordem constitucional, como leis ordinárias, de regras apenas formalmente constitucionais da Constituição anterior que não tenham sido repetidas e nem contrariadas pela nova.

PRESTE ATENÇÃO

A verificação de compatibilidade que se dá com a recepção da antiga lei restringe-se a seu aspecto material, pouco importando a forma pela qual foi revestida. Assim, todos os decretos-leis (figura normativa que a atual Constituição extinguiu) que se mostrarem materialmente compatíveis com a nova Constituição serão recepcionados.

8

Direitos e Garantias Fundamentais do Homem

A expressão "direitos e garantias fundamentais do homem" abrange diversos direitos, como os individuais (art. 5.º, CF), os relativos à nacionalidade (art. 12, CF), os políticos (arts. 14 a 17, CF), os sociais (arts. 6 e 193 e segs., CF), os coletivos (art. 5.º, CF) e os solidários (arts. 3.º e 225, CF). O Brasil foi o primeiro país a introduzi-los na Constituição, em 1824.

O professor José Afonso da Silva (*op. cit.*, p. 178) os define como:

> Aquelas prerrogativas e instituições que ele [o direito positivo] concretiza em garantias de uma convivência digna, livre e igual de todas as pessoas. No qualificativo fundamentais acha-se a indicação de que se trata de situações jurídicas sem as quais a pessoa humana não se realiza, não convive e, às vezes, nem mesmo sobrevive; fundamentais do homem no sentido de que a todos, por igual, devem ser não apenas formalmente reconhecidos, mas concreta e materialmente efetivados.

Todos os instrumentos imprescindíveis e inexoráveis ao bem-estar dos indivíduos que compõem a sociedade serão estudados neste capítulo. Nessa concepção, há normas proibitivas à ação do Estado contra a liberdade individual e efetivas ações que combatem e evitam tais agressões aos direitos, sempre dentro dos limites impostos pelo ordenamento jurídico.

Diferenciação entre direito e garantia

Direito não é sinônimo de garantia, embora muitos dispositivos agreguem ambos em seu conteúdo.

O **direito** declara, certifica a existência de uma prerrogativa ao indivíduo que muitas vezes é ilegal e abusivamente violada. Para garantir a efetividade do direito e sua proteção contra atos arbitrários, existe a **garantia**, que assegura ao indivíduo a plenitude do direito já declarado. Portanto, o direito declara uma prerrogativa e a garantia assegura a efetividade do direito.

Classificação dos direitos individuais

Direitos fundamentais de primeira geração

São os direitos e garantias individuais propriamente ditos, verdadeira defesa do indivíduo contra atividades arbitrárias do Estado, cujo marco histórico foi a edição da Magna Carta de 1215, imposta pelos barões ingleses ao rei João Sem-Terra, ou mesmo antes, com a instituição do Júri de 1166 (ex.: direito à vida, à liberdade, à intimidade).

Direitos fundamentais de segunda geração

Surgidos no início do século XX, compreendem os direitos sociais, econômicos e culturais, como a proteção ao trabalho e o amparo à velhice. Assim, não basta a previsão de defesa do indivíduo contra o Estado; este também tem obrigação de exercer sua atividade estatal em busca da dignidade da pessoa humana e do bem comum, pois para isso foi idealizado.

Direitos fundamentais de terceira geração

São direitos que transcendem a figura do indivíduo, pensando no futuro da sociedade como um todo, como o direito à paz e ao meio ambiente ecologicamente equilibrado, inclusive para as futuras gerações. Há quem entenda que uma quarta geração é formada por esses direitos, que são denominados **direitos transindividuais**, ou seja, que implicam interesses de um grupo de pessoas, como são os interesses difusos e coletivos *(veja o tópico "Garantias constitucionais de tutela de interesses transindividuais", p. 75)*.

Destinatários dos direitos e garantias fundamentais

A supremacia da Constituição Federal está intimamente ligada ao conceito de soberania do Estado brasileiro. Assim, em regra, os ditames constitucionais nacionais só produzem efeitos a quem está sob a tutela estatal brasileira. Logo, todos os que se encontram em território brasileiro, nacional ou estrangeiro, residentes ou em trânsito no país, pessoas físicas ou jurídicas, terão acesso a todos os direitos e garantias expressos.

Principais direitos dispostos na Constituição

Direito à vida

É um superdireito, pois todos os demais direitos dependem dele para se concretizar. Assim, sem o direito à vida, não haveria os relativos à liberdade, à intimidade, etc.

DIREITO À EXISTÊNCIA E À INTEGRIDADE FÍSICA E MORAL

O direito à vida compreende o direito de continuar vivo e vai mais além: exige uma vida digna. Portanto, a agressão ao corpo humano e à honra representa uma afronta a esse direito, e é por conta disso que a Constituição assegura a integridade física e moral do preso (art. 5.º, XLIX, CF).

- **Transplante e remoção de órgãos** – A Constituição, em seu artigo 199, § 4.º, confere à legislação infraconstitucional a disciplina dessa matéria, mas proíbe no próprio texto qualquer tipo de comercialização de órgãos, tecidos e sangue humano. A remoção dessas partes do organismo humano só pode ocorrer após a morte ou, em caso de vida, sem prejuízo ao doador. A Lei 9.434/97, que regulamenta o referido parágrafo, exclui de tais mandamentos o sangue, o esperma e o óvulo.
- **Pena de morte** – Essa espécie de sanção está expressamente proibida pela Constituição Federal no artigo 5.º, XLVII, "a", para que não pairem dúvidas a respeito da aludida proibição. Contudo, a simples disposição da Constituição consagrando o direito à vida já proíbe, conseqüentemente, a pena de morte, ressalvado o caso extremo de guerra declarada em que há verdadeira crise constitucional.
- **Eutanásia** – É a "morte suave ou tranqüila". Hoje, entende-se como a morte provocada por outrem para aliviar o sofrimento de enfermo em estado terminal de doença considerada incurável. Assim como a pena de morte, a eutanásia está vedada, tendo em vista o direito à vida, mesmo que haja autorização do doente.
- **Aborto** – É tipificado como crime pelo Código Penal, uma vez que a proteção ao direito à vida se estende ao feto, que já vive. Em certos casos, no entanto, a interrupção da vida é justificável, como no de perigo de vida da gestante e no de gravidez resultante de estupro.*
- **Tortura** – É outra proibição diretamente ligada ao direito à vida, pois,

* O Supremo Tribunal Federal (STF) vinha discutindo, na Argüição de Descumprimento de Preceito Fundamental 54-8, sobre a inconstitucionalidade da tipificação do crime de aborto praticado ou autorizado pela gestante ciente de que o feto apresenta anencefalia (não tem cérebro). O ministro Marco Aurélio de Mello havia concedido liminar, que foi cassada pelo plenário, e o mérito da ação não tinha sido julgado até o fechamento desta edição.

como já esclarecido, a Constituição não se limita a consagrar o direito de estar vivo, mas também o de viver de forma digna, e a tortura é uma afronta tanto ao direito à vida como à dignidade da pessoa humana. Para não deixar qualquer dúvida quanto à proibição da prática de tortura, a Constituição, em seu artigo 5.º, III e XLIII, consagrou, respectivamente, que "ninguém será submetido a tortura nem a tratamento desumano ou degradante" e que "a lei considerará crimes inafiançáveis e insuscetíveis de graça ou anistia a prática da tortura, o tráfico ilícito de entorpecentes e drogas afins, o terrorismo e os definidos como crimes hediondos [...]".

Direito à igualdade

Esse princípio é dirigido tanto ao legislador na edição de normas que garantam a isonomia das pessoas em posições idênticas (igualdade na lei) como ao intérprete da lei, seja autoridade pública, seja particular, na aplicação e interpretação da lei de maneira igualitária, sem discriminações (igualdade perante a lei).

A consagração do princípio da igualdade não implica que, em um caso concreto, não possam existir discriminações, desde que estas sejam compatíveis com o objetivo da norma que abarca o caso concreto. É isso que se entende por "tratar os iguais igualmente, mas os desiguais desigualmente, na medida de suas desigualdades". Ora, se em um caso concreto existem pessoas em situações desiguais para aquele objetivo específico, elas devem ser tratadas de forma desigual, caso contrário, estar-se-ia ferindo o aludido princípio.

É o que ocorre, por exemplo, com a limitação de idade em concurso público. O Supremo Tribunal Federal (STF) editou uma súmula a respeito: "O limite de idade para a inscrição em concurso público só se legitima em face do art. 7.º, XXX, da Constituição, quando possa ser justificado pela natureza das atribuições do cargo a ser preenchido" (Súmula 683, STF).

Aliás, tratamento semelhante se dá ao homem e à mulher. Embora a Constituição vede expressamente o tratamento diferenciado em seu artigo 5.º, I, ela própria, em casos específicos, os desiguala. Um exemplo são os requisitos para aposentadoria, em que a mulher necessita de menor tempo tanto de idade como de contribuição para poder aposentar-se.

Princípio da legalidade

Esse princípio está consagrado no artigo 5.º, II, da CF: "ninguém será obrigado a fazer ou deixar de fazer alguma coisa senão em virtude de lei". Logo, qualquer conduta comissiva ou omissiva de um indivíduo só poderá ser restringida quando existir lei prévia que a discipline ou mesmo que a proíba, desde que a referida norma esteja em perfeita consonância com os ditames constitucionais. Aliás, Aristóteles, citado por Alexandre de Moraes (*Direito Constitucional*, p. 36), já dizia: "A paixão perverte os Magistrados e os melhores homens: a inteligência sem paixão – eis a lei".

Cabe também diferenciar o princípio da legalidade do princípio da reserva legal. Enquanto o primeiro obriga o legislador e o Estado a definir condutas para todos somente por meio de normas, o segundo encontra-se na própria Constituição, que reserva a determinada espécie normativa, ou mesmo a ato da administração pública, a regulamentação de certas matérias constitucionais. Exemplificando, vale a observação do artigo 148 da CF: "A União, mediante lei complementar, poderá instituir empréstimos compulsórios [...]". Como se pode notar, a própria Constituição reservou a instituição do aludido empréstimo a determinada espécie normativa. Qualquer outra espécie que não seja lei complementar não poderá regulamentar o referido artigo, sob pena de inconstitucionalidade.

Direito à liberdade

Esse direito é mais uma conquista do Estado Democrático de Direito. Não há como falar em democracia em uma sociedade sem existir liberdade aos indivíduos que a compõem, desde que respeitados certos limites traçados pela Constituição e pelas leis, como também a responsabilização civil e criminal dos atos dos indivíduos que, com base no direito à liberdade, extrapolam os limites traçados. Logo, o direito à liberdade não é absoluto e pode sofrer limitações quando entra em conflito com outros direitos assegurados constitucionalmente.

LIBERDADE DE PENSAMENTO E MANIFESTAÇÃO

A manifestação dos pensamentos é livre e não pode sequer sofrer censura prévia. Não há como cogitar um Estado Democrático de Direito sem a possibilidade de os indivíduos manifestarem suas opiniões e sentimentos livremente. Isso não quer dizer que foi dado um "cheque em branco" para todas as pessoas externarem suas opiniões sem qualquer tipo de controle posterior. Eventuais abusos a esse direito deverão ser tutelados pelo Poder Judiciário.

A proibição da censura não se choca com a possibilidade legal de classificar espetáculos e diversões quanto às faixas etárias, locais e horários, tampouco com a de fiscalização do Poder Público para a defesa dos princípios elencados nos artigos 220, § 3.º, e 221 da CF.

LIBERDADE DE CONVICÇÕES POLÍTICAS, FILOSÓFICAS E RELIGIOSAS

Mais um direito que se origina do Estado Democrático de Direito. Não há como existir democracia sem que as convicções políticas, filosóficas e religiosas dos indivíduos sejam, no mínimo, respeitadas.

Muito se discute a respeito da possibilidade da alegação dessas convicções para que um indivíduo se exima de obrigações legais a todos impostas, como o voto obrigatório. Visto que tais convicções não podem ser desrespeitadas, ainda que seja para cumprimento de uma obrigação legal, a pessoa não precisa atender aos comandos da lei, desde que cumpra uma prestação alternativa fixada, como pagamento de multa. Questão interessante ocorre se a lei não definir prestação alternativa. Nesse caso, não há como exigir do indivíduo a aludida prestação, ficando isento de obrigação.

A Constituição também assegura a livre escolha de religião e da prática de cultos, desde que não violem a lei, sob pena de responsabilidade, assim como a assistência religiosa em presídios e entidades civis e militares coletivas e escolas.

Direito à imagem, intimidade, vida privada e honra

Na definição de Manuel Gonçalves Ferreira Filho, citado por Alexandre de Moraes (*op. cit.*, p. 47):

> Intimidade relaciona-se às relações subjetivas e de trato íntimo da pessoa, suas relações familiares e de amizade, enquanto vida privada envolve todos os demais relacionamentos humanos, inclusive os objetos, tais como relações comerciais, de trabalho, de estudo, etc.

Logo, qualquer relacionamento humano, seja no âmbito mais íntimo e familiar, seja em outro tipo de ambiente da vida privada do indivíduo, está tutelado pela Constituição e, quando violado, acarreta indenização por dano moral e material, além do direito de resposta proporcional ao agravo.

Somente no caso concreto é que se pode vislumbrar a existência ou não de violação ao direito à imagem, intimidade e vida privada de um indivíduo. Tudo dependerá das circunstâncias, das atividades desenvolvidas pelas partes, etc. Assim, uma pessoa pública, como um político ou um artista, deve ter ciência de que sua posição na sociedade leva a um afrouxamento desses direitos, porém isso não quer dizer que inexistam.

INVIOLABILIDADE DO DOMICÍLIO

A Constituição consagra a proteção ao domicílio, disciplinando, em seu artigo 5.º, XI, que "a casa é asilo inviolável do indivíduo, ninguém nela podendo penetrar sem consentimento do morador, salvo em caso de flagrante delito ou desastre, ou para prestar socorro, ou, durante o dia, por determinação judicial".

Logo, o domicílio, como regra, não pode ser violado, salvo as exceções previstas pelo próprio inciso: em caso de flagrante delito ou desastre; para prestar socorro; durante o dia, por determinação judicial. Se o domicílio for invadido fora dessas hipóteses, esse direito será violado, tipificando crime de violação de domicílio previsto no artigo 150 do Código Penal.

A definição de domicílio em Direito Constitucional assemelha-se ao conceito legal do Código Penal, que no artigo 150, § 4.º, define casa como:

- qualquer compartimento habitado;
- aposento ocupado de habitação coletiva;
- compartimento não aberto ao público, onde alguém exerce profissão ou atividade.

Outra questão de suma importância trata da autorização constitucional da invasão do domicílio por ordem judicial, durante o dia. Primeiramente, só por ordem judicial esse tipo de invasão pode ser lícito; logo, ordem de invasão por decisão administrativa ou parlamentar não encontra amparo em tal hipótese. Em segundo lugar, a definição de dia tem diversas interpretações. Filiamo-nos à corrente de Dinorá Adelaide Musetti e Alexandre de Moraes (Moraes, Alexandre de, *op. cit.*, p. 50):

> Entendemos que a aplicação conjunta de ambos os critérios alcança a finalidade constitucional de maior proteção ao domicílio durante a noite, resguardando-se a possibilidade de invasão domiciliar com autorização judicial, mesmo após as 18:00 horas, desde que, ainda, não seja noite (por exemplo: horário de verão).

INVIOLABILIDADE DE CORRESPONDÊNCIAS E DE COMUNICAÇÕES

A inviolabilidade das correspondências encontra amparo no artigo 5.º, XII, da CF, que é classificado como norma constitucional de eficácia contida, pois, embora desde sua edição proíba qualquer tipo de violação desses sigilos, admite a superveniência de uma lei autorizando a interceptação telefônica para os casos de investigação criminal ou instrução processual penal.

Além disso, pelo princípio da proporcionalidade, há possibilidade de quebra desses sigilos quando tais prerrogativas estiverem acobertando atividades ilícitas e contrárias ao interesse público. Se assim não fosse, o tráfico de entorpecentes dentro de um presídio por meio de correspondências para os presos não poderia ser fiscalizado, pois as autoridades policiais não estariam autorizadas a violar o sigilo.

Conforme já explicitado, é possível a interceptação telefônica, desde que amparada em um dos seguintes requisitos:

- ordem judicial;
- finalidade de investigação criminal ou instrução processual penal;
- previsão em lei.

A referida previsão legal autorizadora da interceptação telefônica deu-se com o advento da Lei 9.296, de 24 de julho de 1996. Essa lei, no entanto, delimita as hipóteses de tal autorização:

- existência de indícios de autoria ou participação em infração penal punida com reclusão (*fumus boni iuris*);
- impossibilidade de produção de outro tipo de prova (*periculum in mora*);
- decretação por autoridade judicial.

Interessante é a observação de Alexandre de Moraes quando trata da possibilidade de interceptação de comunicação telefônica entre advogado e cliente (*op. cit.*, p. 56):

> Ressalte-se, por fim, que não haverá possibilidade de interceptação da comunicação telefônica entre o acusado e seu defensor, pois o sigilo profissional do advogado, no exercício da profissão, é garantia do próprio devido processo legal. A interceptação somente será possível se o advogado estiver envolvido na atividade criminosa, pois nesta hipótese não estará atuando como defensor, mas como participante da infração penal.

Vale ressaltar que a Lei 9.296/96 regulamentou a possibilidade de interceptação de comunicação telefônica, mas não de gravação clandestina, em que um dos interlocutores a realiza, ou autoriza que uma terceira pessoa o faça, sem conhecimento do outro interlocutor, salvo na existência de justa causa, com gravação entre seqüestrador e familiares da vítima em caso de seqüestro. Já na interceptação telefônica, nenhum dos interlocutores tem ciência da gravação.

INVIOLABILIDADE DE DADOS (SIGILO BANCÁRIO E FISCAL)

Está prevista também no artigo 5.º, XII, da CF na defesa da privacidade do indivíduo, como também da pessoa jurídica. A quebra do sigilo só é admitida em casos excepcionais, quando há indícios de autoria de prática delituosa, sempre necessitando de autorização judicial fundamentada para sua violação.

Direito de reunião

A Constituição Federal garante em seu artigo 5.º, XVI, a possibilidade a todos de reunir-se pacificamente, sem armas, em locais abertos ao público, independentemente de autorização, desde que não frustrem outra reunião anteriormente convocada para o mesmo local, sendo apenas exigido prévio aviso à autoridade competente.

Cumpre ressaltar que as autoridades públicas não têm o poder de proibir a reunião previamente determinada, desde que os fins sejam pacíficos, sem armas. Assim, é incorreto empregar a palavra "autorização", pois, se as autoridades não podem proibir, tampouco podem autorizar a reunião. Contudo, existe a necessidade de mera comunicação do evento, para que as autoridades públicas possam tomar as providências cabíveis para a segurança do evento e da população em geral.

Direito de associação

Segundo o texto constitucional, é plena a liberdade de associação para fins lícitos, proibida tão-somente a de caráter paramilitar (art. 5.º, XVII, CF). Essa plenitude de liberdade de associação gera inúmeros efeitos, como a proibição de obrigar alguém a associar-se ou a permanecer associado e a de interferência estatal no funcionamento da associação ou autorização para esta funcionar. Caso contrário, os agentes públicos responsáveis poderão responder por crime de abuso de autoridade e responsabilidade, como também indenização por eventuais danos.

As associações só poderão ser compulsoriamente dissolvidas ou ter suas atividades suspensas por decisão judicial, exigindo-se, no primeiro caso, o trânsito em julgado. Logo, apenas o Poder Judiciário poderá suspender ou mesmo dissolver uma associação, desde que, no último caso, fique caracterizada a utilização da associação para fins ilícitos.

Direito de apreciação pelo Poder Judiciário de lesão ou ameaça a direito

O artigo 5.º, XXXV, da CF dispõe que "a lei não excluirá da apreciação do Poder Judiciário lesão ou ameaça a direito". Portanto, qualquer pessoa que entender que um direito seu está sendo violado ou ameaçado tem a prerrogativa de buscar a via judicial para sanar as aludidas lesões. O legislador, o Estado ou um indivíduo não podem impedir que um jurisdicionado procure o Poder Judiciário para resolver um conflito individual ou mesmo um interesse transindividual, como salienta Nelson Nery Jr. (*Princípios de processo civil na Constituição Federal*, p. 96):

> Isso quer dizer que todos têm acesso à Justiça para postular tutela jurisdicional preventiva ou reparatória relativamente a um direito. Estão aqui contemplados não só os direitos individuais, como também os difusos e coletivos.

Assim, é vedada a obrigatoriedade de esgotamento de vias administrativas, assim como condicionar o acesso ao Poder Judiciário a qualquer instância extrajudicial, com exceção de previsões expressas na própria Constituição, como ocorre, por exemplo, com a necessidade de esgotamento da Justiça desportiva nos casos de ações relativas à disciplina e às competições desportivas reguladas em lei, tendo em vista que a Justiça desportiva terá prazo máximo de 60 dias, contado da instauração do processo, para proferir decisão final (art. 217, §§ 1.º e 2.º, CF).

A existência do acesso ao Poder Judiciário não implica a necessidade do duplo grau de jurisdição, mesmo porque algumas competências originárias de tribunais superiores não têm como passar por um tribunal revisor.

Direito adquirido, ato jurídico perfeito e coisa julgada

A Constituição Federal, em seu artigo 5.º, XXXVI, consagra que "a lei não prejudicará o direito adquirido, o ato jurídico perfeito e a coisa julgada".

DIREITO ADQUIRIDO

As normas dispostas no ordenamento jurídico disciplinam as condutas dos indivíduos que compõem a sociedade, emanando direitos e obrigações. Muitas vezes essas normas atribuem direitos aos indivíduos desde que condicionados a certos requisitos (por exemplo, o direito de aposentadoria do servidor público, que detém requisitos de idade mínima e tempo de contribuição mínimo). Quando tais requisitos são adquiridos por um indivíduo no caso concreto, diz-se que a hipótese prevista na norma subsume-se àquele indivíduo, que a partir daquele instante passa a deter a prerrogativa de exercer o direito, pois o adquiriu.

Após a aquisição do direito, o indivíduo que o detém não pode viver sob o manto da insegurança, ou seja, não pode ser surpreendido no futuro por uma nova norma que lhe retire o direito. Assim, qualquer norma que venha a alterar um direito já adquirido por um indivíduo será obrigatoriamente considerada inconstitucional.

Vale diferenciar o direito adquirido da expectativa de direito. No primeiro caso, o indivíduo já reuniu todos os requisitos legais para a aquisição daquela prerrogativa; no segundo, ainda não os reuniu, não tem o direito, mas mera expectativa de alcançá-lo – portanto, se uma nova norma dificultar os requisitos na fase de expectativa de direito, essa nova legislação incidirá para os não detentores do direito adquirido.

ATO JURÍDICO PERFEITO

Segundo Celso Bastos (*Dicionário de Direito Constitucional*, p. 43), ato jurídico perfeito:

> É aquele que se aperfeiçoou, que reuniu todos os elementos necessários a sua formação, debaixo da lei velha. Isto não quer dizer, por si só, que ele encerre em seu bojo um direito adquirido. Do que está seu beneficiário imunizado é de oscilações aportadas pela lei nova.

A garantia ao ato jurídico perfeito, portanto, protege os pactos particulares firmados ante a edição de legislação posterior, pois aqueles, por já terem todos os elementos necessários para sua formação, não poderão sofrer a ingerência de novas leis que forcem alterações.

COISA JULGADA

Para Vicente Greco Filho (*Direito Processual Civil brasileiro*), coisa julgada:

> É a imutabilidade dos efeitos da sentença ou da própria sentença que decorre de estarem esgotados os recursos eventualmente existentes.

- **Coisa julgada formal** – Quando uma sentença proferida não é mais passível de recurso ou o prazo legal para a interposição do eventual recurso decorreu, a parte eventualmente prejudicada é obrigada, em regra, a aceitar a decisão, dentro daquele respectivo processo, determinada pelo Poder Judiciário.
- **Coisa julgada material** – Muitas vezes ocorre, além da coisa julgada formal, a coisa julgada material, que é a imutabilidade dos efeitos da sentença que se projetam além do processo, transformando aquela decisão em verdadeira lei entre as partes que participaram da relação jurí-

dica processual, até mesmo para existir segurança e estabilidade dessas decisões. Importante ressaltar que nem sempre havendo a coisa julgada formal necessariamente ocorrerá a coisa julgada material. Um exemplo é a sentença que extingue o processo sem julgamento de mérito. Dessa decisão é cabível apelação no prazo de 15 dias. Caso esse prazo decorra sem a interposição do recurso, opera-se a coisa julgada formal, mas não haverá coisa julgada material, pois a ação poderá ser repetida, ou seja, os efeitos da coisa julgada se restringiram àquele processo, possibilitando a rediscussão da lide em outros autos.

Princípio do juiz natural

Os incisos XXXVII e LII do artigo 5.º da CF preceituam, respectivamente, que "não haverá juízo ou tribunal de exceção" e "ninguém será processado nem sentenciado senão pela autoridade competente".

A necessidade de imparcialidade e segurança do Poder Judiciário reflete esse princípio, para evitar o arbítrio estatal, como também para que não haja privilégios e de antemão uma das partes saiba quem será o julgador de seu caso.

São desdobramentos do princípio do juiz natural:

- **Proibição de tribunal de exceção** – Segundo Nelson Nery Jr. (*op. cit.*, p. 65), tribunal de exceção é aquele:

> Designado ou criado, por deliberação legislativa ou não, para julgar determinado caso, tenha ele já ocorrido ou não, irrelevante a existência prévia do tribunal. Diz-se que o tribunal é de exceção quando de encomenda, isto é, criado *ex post facto*, para julgar num ou noutro sentido, com parcialidade para prejudicar ou beneficiar alguém, tudo acertado previamente. Enquanto o juiz natural é aquele previsto abstratamente, o juízo de exceção é aquele designado para atuar no caso concreto ou individual.

Como se vê, não pode um tribunal ser criado para julgar uma causa que já ocorreu, com imparcialidade no julgamento. O réu tem direito a um julgamento justo por um tribunal previamente existente.

- **Respeito às regras de competência** – Para a plenitude do princípio do juiz natural, não basta a vedação à existência de tribunais de exceção, pois em um caso concreto pode o tribunal indicado para julgar ser o tribunal competente, mas a escolha do juiz deve ser respaldada pelos critérios estabelecidos em lei; caso contrário, poderá existir o tribunal competente, porém o juiz ser incompetente ou mesmo parcial.

Importante ressaltar que a existência de justiças especializadas não fere o princípio do juiz natural, uma vez que é criado prévia e abstratamente e sua possibilidade está prevista na Constituição Federal.

Existência do tribunal do júri

A antiga instituição do tribunal do júri também encontra previsão na Constituição Federal de 1988, no artigo 5.º, XXXVIII, assegurando competência para julgamento de crimes dolosos contra a vida e conexos, salvo os casos de foro por prerrogativa de função, em que estes prevalecem mesmo em se tratando de crimes dolosos contra a vida.

O júri é a única instituição atualmente vigente no país em que sete membros do povo, escolhidos entre 21 pessoas presididas por um juiz de direito competente, responderão a quesitos para absolver ou condenar uma pessoa por um crime doloso contra a vida.

CARACTERÍSTICAS DO JÚRI ASSEGURADAS PELA CONSTITUIÇÃO

- **Plenitude da defesa** – A intenção do constituinte em consagrar a plenitude da defesa foi ultrapassar o limite geral da ampla defesa e transformá-la em defesa plena. Por força dessa regra, o réu poderá ouvir mais testemunhas do que o rol lhe permite, assim como inovar na tréplica sua tese defesa, embora tal prerrogativa seja discutível pela doutrina. Até o magistrado está vinculado à plenitude da defesa, devendo declarar o réu indefeso quando a defesa técnica se mostrar ineficiente.
- **Sigilo das votações** – O sigilo das votações assegura a imparcialidade dos jurados, que assim não sofrerão nenhum tipo de pressão externa para manifestar suas opiniões nas votações dos quesitos formulados pelo juiz togado.
- **Soberania dos veredictos** – A decisão dos jurados é soberana, ou seja, contra ela o juiz nada pode fazer. Isso não quer dizer que essa decisão não poderá ser revista por outro tribunal do júri. O protesto por novo júri é plenamente constitucional, assim como a apelação contra a decisão do tribunal do júri manifestamente contrária à prova dos autos, pois, no máximo, outro júri será instalado. Vale a pena ressaltar que mesmo antes de ser levado a júri poderá o réu ser impronunciado por um juiz togado, quando não houver indícios de autoria ou prova de materialidade do delito, ou poderá o juiz absolver sumariamente quando existir alguma causa de exclusão de ilicitude, sem que tais decisões violem a soberania dos veredictos.

Ponto controvertido é a possibilidade de revisão criminal contra decisão dos jurados. Filiamo-nos à corrente que entende ser constitucional essa possibilidade, mesmo porque a revisão criminal é um recurso previsto implicitamente na Constituição e, se ficar comprovada a inocência do condenado, até por questão de proporcionalidade, a forma mais rápida de liberdade do inocente deve ser assegurada.

Princípio do devido processo legal - celeridade processual, ampla defesa e contraditório

O princípio do devido processo legal é a base de todos os outros princípios, a ponto de alguns autores entenderem que basta a previsão deste para que todos os outros princípios básicos e fundamentais de um processo justo estejam previstos implicitamente. Estabelece o artigo 5.º, LIV, da CF: "ninguém será privado da liberdade ou de seus bens sem o devido processo legal".

A Emenda Constitucional 45, de 8 de dezembro de 2004, acrescenta a previsão da celeridade processual, assegurando a todos, nos âmbitos judicial e administrativo, a razoável duração do processo e os meios que garantam a celeridade de sua tramitação. Conforme a lição de Alexandre de Moraes (*op. cit.*, p. 94):

> Como mecanismos de celeridade e desburocratização podem ser citados: a vedação de férias coletivas nos juízos e tribunais de segundo grau, a proporcionalidade do número de juízes à efetiva demanda judicial e à respectiva população, a distribuição imediata dos processos em todos os graus de jurisdição, a possibilidade de delegação aos servidores do Judiciário para a prática de atos de administração e atos de mero expediente sem caráter decisório, a necessidade de demonstração de repercussão geral das questões constitucionais discutidas no caso para fins de conhecimento do recurso extraordinário, a instalação da Justiça itinerante, as súmulas vinculantes do STF.

O devido processo legal exerce dupla função: no âmbito material e no formal.

DEVIDO PROCESSO LEGAL MATERIAL (*SUBSTANTIVE DUE PROCESS*)

Nesse aspecto, o aludido princípio ganha aspecto extraprocessual, caracterizado pelo trinômio vida–liberdade–propriedade, e qualquer ingerência, pública ou privada, que violar qualquer desses bens da vida automaticamente estará violando o devido processo legal. Aliás, o princípio da legalidade no Direito Administrativo, como também o princípio da razoabilidade, está intimamente ligado a esse conceito e, por conseguinte, ao mencionado trinômio.

DEVIDO PROCESSO LEGAL FORMAL OU PROCESSUAL (*PROCEDURAL DUE PROCESS*)

Nesse âmbito, o princípio se mostra mais específico, mas não menos importante, sendo base para uma justiça igualitária em busca da verdadeira justiça. Ensina Nelson Nery Jr. (*op. cit.*, p. 41):

> A cláusula *procedural due process of law* nada mais é do que a possibilidade efetiva de a parte ter acesso à justiça, deduzindo pretensão e defendendo-se do modo mais amplo possível.

Desse aspecto do devido processo legal derivam dois princípios fundamentais:

- **Princípio da ampla defesa** – Com base nesse princípio, todos os meios de defesa previstos em Direito para o acusado serão admitidos, como também o acesso a todos os elementos necessários para sua defesa. É por conta disso que a defesa, em qualquer processo, seja judicial, seja administrativo, deve ser o mais ampla possível; caso contrário, seria inviável o alcance do devido processo legal.
- **Princípio do contraditório** – Se para configurar o devido processo legal é imprescindível a existência da ampla defesa, esta, por sua vez, só se vislumbra se estiver presente outro princípio, qual seja, o contraditório. Aliás, a Constituição Federal de 1988 deixa isso bem claro ao disciplinar, em seu artigo 5.º, LV, que "aos litigantes, em processo judicial ou administrativo, e aos acusados em geral são assegurados o contraditório e a ampla defesa, com os meios e recursos a ela inerentes".
  É por meio desse princípio que existe a *par conditio* (igualdade das partes) em um processo, pois toda e qualquer alegação ou prova de uma parte concede automaticamente os mesmos direitos e oportunidades para a outra parte se manifestar, interpretar e se defender da melhor maneira que entender, caracterizando o binômio necessidade de informação–possibilidade de reação.

Proibição de provas ilícitas

O artigo 5.º, LVI, da CF dispõe que "são inadmissíveis, no processo, as provas obtidas por meios ilícitos", ou seja, as provas colhidas com violação de direito, como confissão mediante tortura.

Ressalte-se que as provas ilícitas não se confundem com as ilegais e as ilegítimas. Nas palavras de Alexandre de Moraes (*op. cit.*, p. 95):

> Enquanto as provas ilícitas são aquelas obtidas com infringência ao direito material, as provas ilegítimas são obtidas com desrespeito ao direito processual. Por sua vez, as provas ilegais seriam o gênero do qual as espécies são as provas ilícitas e as ilegítimas, pois configuram-se pela obtenção com violação de natureza material ou processual ao ordenamento jurídico.

Assim, quando descumpridas as regras de direito processual, como prova obtida por quebra de sigilo não fundamentada, estaremos diante de prova ilegítima, mas, quando a violação for de um direito material, a prova é considerada ilícita, pois não se podem violar preceitos da Constituição com o propósito de atingir a verdade a qualquer custo.

Excepcionalmente, admite-se a prova obtida por meio ilícito quando comprovadora da inocência de um acusado, visto que, na colisão entre os direitos tutelados, prevalece o princípio da inocência, em verdadeira legítima defesa dos direitos humanos fundamentais.

PROVA ILÍCITA POR DERIVAÇÃO – TEORIA DOS FRUTOS DA ÁRVORE ENVENENADA

A atual posição do STF é a de que é inadmissível uma prova obtida por prova ilícita, ou seja, não se admite a prova ilícita por derivação. Isso porque a prova obtida por meios ilícitos contamina as demais provas dela decorrentes, com base na Teoria dos Frutos da Árvore Envenenada (*Fruits of the Poisonous Tree*).

Princípio da presunção de inocência

A Constituição Federal, em seu artigo 5.º, LVII, estabelece que "ninguém será considerado culpado até o trânsito em julgado de sentença penal condenatória", ou seja, até o final do processo em que não caiba mais recurso, presume-se a inocência de um indivíduo; caso contrário, estaríamos diante de um Estado arbitrário.

Em Resumo

Direitos e Garantias Fundamentais do Homem

Os direitos e garantias individuais abrangem diversos direitos, como os individuais (art. 5.º, CF), os relativos à nacionalidade (art. 12, CF), os políticos (arts. 14 a 17, CF), os sociais (arts. 6 e 193 e segs., CF), os coletivos (art. 5.º, CF) e os solidários (arts. 3.º e 225, CF).

Dentre os direitos vale ressaltar: o direito à vida; o direito à igualdade; o direito relativo ao princípio da legalidade; o direito à liberdade; o direito à imagem, intimidade, vida privada e honra; o direito de reunião; o direito de associação; o direito ao devido processo legal.

Preste Atenção

Direito difere de garantia. O direito declara, certifica a existência de uma prerrogativa ao indivíduo que muitas vezes é ilegal e abusivamente violada. Para garantir a efetividade do direito e sua proteção contra atos arbitrários, existe a garantia, que assegura ao indivíduo a plenitude do direito já declarado. Portanto, o direito declara uma prerrogativa, e a garantia assegura a efetividade do direito.

9

GARANTIAS CONSTITUCIONAIS

Conforme já explicado, as garantias são previsões constitucionais que asseguram os direitos emanados pela Constituição. Servem de precaução ou repreensão à arbitrariedade, à ilegalidade ou ao abuso de poder que violam os direitos.

Habeas corpus

Como toda garantia, o *habeas corpus* tutela um direito, qual seja, a liberdade de locomoção. Sua previsão está no artigo 5.º, LXVIII, da CF, que preceitua: "Conceder-se-á 'habeas corpus' sempre que alguém sofrer ou se achar ameaçado de sofrer violência ou coação em sua liberdade de locomoção, por ilegalidade ou abuso de poder".

Assim, sempre que a liberdade de locomoção disposta na Constituição em seu artigo 5.º, XV (o direito de ir, vir, entrar, sair e permanecer no país com seus bens em tempo de paz), for violada ou mesmo ameaçada por uma ilegalidade ou abuso de poder caberá ao Poder Judiciário cessar tal violação ou ameaça.

Cabimento

Como o *habeas corpus* protege a liberdade de locomoção contra a atuação arbitrária e ilegal, muitos o vinculam ao processo penal, em que diversas vezes a mencionada violação ocorre, como nos casos elencados no artigo 648 do Código de Processo Penal:

- falta de justa causa;
- prisão por mais tempo do que a lei determina;
- incompetência da autoridade que ordenou a coação;
- já cessado o motivo que autorizou a coação;
- desrespeito a admissão legal de fiança;

- processo manifestamente nulo;
- extinção da punibilidade.

Entretanto, não é apenas na esfera penal que é possível a utilização da ordem de *habeas corpus*; na esfera civil também é cabível, quando, por motivos civis, a liberdade de locomoção é cerceada por ilegalidade ou abuso de poder. É certo que, na maioria dos casos, a prisão administrativa e a prisão civil foram abolidas pela atual Constituição. Isso não quer dizer, contudo, que o texto constitucional não previu exceções. O artigo 5.º, LXVII, dispõe que "não haverá prisão civil por dívida, salvo a do responsável pelo inadimplemento voluntário e inescusável de obrigação alimentícia e a do depositário infiel". Logo, a Constituição Federal prevê a prisão de cunho civil para os casos de inadimplência de pagamento de pensão alimentícia e de depositário infiel.

Questão interessante versa sobre a continuação dessa previsão constitucional ante o Pacto de São José da Costa Rica, do qual o Brasil é signatário e cujo artigo 7.º declara que "ninguém deve ser detido por dívida". Tal questão ganha mais força tendo em vista a previsão contida no artigo 5.º, § 2.º, da CF: "Os direitos e garantias expressos nesta Constituição não excluem outros decorrentes do regime e dos princípios por ela adotados, ou dos tratados internacionais em que a República Federativa do Brasil seja parte".

Diante da proibição da prisão por dívidas entre os países signatários do Pacto de São José da Costa Rica e da não exclusão de garantias firmadas em tratados internacionais em que o Brasil seja parte, surge a indagação: será que, com o ingresso do referido pacto no ordenamento jurídico brasileiro, a possibilidade da prisão por dívida tornou-se inconstitucional?

Para responder a essa pergunta, é importante, antes, entender a extensão do referido § 2.º do artigo 5.º da CF. A previsão de novos direitos e garantias firmados em tratados internacionais ingressa no ordenamento jurídico brasileiro, porém não com *status* de norma constitucional, e sim com força de lei, por questão de soberania do Estado em elaborar sua Constituição. Portanto, prevalece o entendimento de que a prisão por dívida é constitucional.

Vale ressaltar que parte da doutrina discorda dessa orientação, entendendo que, na verdade, como o Brasil é signatário do pacto, tais direitos e garantias ingressariam com *status* de norma constitucional, inadmissível, portanto, a prisão civil por dívida e, com base nesse raciocínio, cabível *habeas corpus* contra esse tipo de prisão.

Embora a aludida posição ainda seja predominante, interessante o novo § 3.º do artigo 5.º da CF, com redação dada pela EC 45/04: "Os tratados e convenções internacionais sobre direitos humanos que forem aprovados, em cada Casa do Congresso Nacional, em dois turnos, por três quintos dos votos dos respectivos membros, serão equivalentes às emendas constitucionais". Portanto, por força desse parágrafo, é plenamente possível que um tratado internacional ingresse no ordenamento jurídico brasileiro com *status* de norma constitucional, desde que trate sobre direitos humanos e que seu ingresso seja de forma idêntica à votação de emendas constitucionais.

Legitimidade ativa

Não existe nenhum requisito constitucional ou legal para comprovação de legitimidade ativa para impetrar *habeas corpus*. Portanto, qualquer indivíduo do povo, nacional ou estrangeiro, independentemente de sua capacidade civil ou mental, pode figurar como impetrante, em benefício de si próprio ou de terceiro, sem necessidade de capacidade postulatória, ou seja, não precisa ser advogado. Assim, menores de idade sem representação ou assistência, presos, analfabetos, estrangeiros e mesmo pessoas jurídicas podem impetrar *habeas corpus*.

O promotor de justiça também pode ser impetrante de *habeas corpus*, desde que não desvie a finalidade do *writ*, ou seja, não use essa garantia como instrumento processual para prejudicar o favorecido pela ordem. Já o juiz de direito, apesar de não poder impetrar *habeas corpus*, poderá concedê-lo de ofício, ou seja, sem pedido de um impetrante, quando vislumbrar a violação ao direito de ir e vir.

Ressalte-se que nem sempre a pessoa que impetra *habeas corpus* é o favorecido pela ordem. O advogado contratado para defender uma causa poderá figurar como impetrante e seu cliente, favorecido pela ordem de *habeas corpus*, será denominado paciente.

Legitimidade passiva

No conteúdo do *habeas corpus*, é imprescindível apontar ao juiz ou tribunal competente quem é a autoridade coatora, ou seja, o responsável pela ilegalidade ou abuso de poder violador da liberdade de locomoção do paciente. Vale destacar que a autoridade coatora, na maioria dos casos, é uma autoridade pública, como delegados, juízes e tribunais, mas é perfeitamente cabível *habeas corpus* contra uma ilegalidade violadora da liberdade de locomoção praticada por um particular, como no caso de internações em hospitais e clínicas em que o paciente, mesmo contra sua vontade e recomendações, é forçado a continuar internado, em clara afronta a sua liberdade de ir e vir.

Espécies

HABEAS CORPUS PREVENTIVO

Essa espécie protege o direito de locomoção antes de a efetiva violação se concretizar. Isso porque a liberdade de ir e vir é um direito tão sagrado que a mera ameaça de tal violência já possibilita a impetração da ordem de *habeas corpus*. Caso seja deferida, o paciente receberá um salvo-conduto, impossibilitando sua prisão pelos motivos que deram origem à impetração e ao conseqüente deferimento da ordem.

HABEAS CORPUS REPRESSIVO

Nessa espécie de *habeas corpus*, já houve a efetiva violação à liberdade de locomoção e a mera prevenção já se mostra inócua, devendo a ilegalidade ou o abuso de poder que deram origem à aludida violação ser reprimidos.

Competência para o julgamento de *habeas corpus*

Para atribuição de competência no julgamento de *habeas corpus*, é necessário saber quem é apontado como autoridade coatora.

Quando a autoridade coatora for autoridade policial, a competência é do juiz de direito; já quando for o próprio juiz de direito, o órgão competente é o tribunal de segunda instância (Tribunais de Justiça e Tribunais Regionais Federais, dependendo de a matéria ser de competência estadual ou federal), assim como no caso de a autoridade coatora ser promotor de justiça.

Caso a autoridade coatora seja o tribunal, por ato singular ou colegiado, a competência para o julgamento é do Superior Tribunal de Justiça (STJ), conforme a nova redação do artigo 105, I, "c", da CF, dada pela EC 22, de 18 de março de 1999. Na hipótese de ser Tribunal Superior, o órgão competente é o STF, a mais alta corte judicial brasileira, e, por essa razão, suas decisões, tomadas por órgãos fracionários ou não, são inatacáveis por *habeas corpus*. Ao STF também compete julgar *habeas corpus* contra ato de Turma Recursal dos Juizados Especiais Criminais.

Por fim, vale destacar que, conforme previsão expressa do texto constitucional em seu artigo 142, § 2.º, é incabível *habeas corpus* em relação a punições disciplinares militares. A proibição, porém, restringe-se ao mérito da aludida decisão, cabendo ao Poder Judiciário o controle da legalidade e constitucionalidade dessa punição.

Habeas data

Essa garantia tutela o direito de informação e intimidade do indivíduo, assegurando ao impetrante o conhecimento de informações relativas a sua pessoa que constem de bancos de dados de entidades governamentais ou de caráter público, bem como a retificação dos dados, quando não quiser fazê-lo por processo sigiloso, judicial ou administrativo. Portanto, sempre que o Poder Público ou entidade que detém bancos de dados abertos ao público se negar a conceder informações ou ratificá-las, mesmo depois de um pedido administrativo do impetrante, será cabível o *habeas data.*

A Lei 9.507, de 12 de novembro de 1997, que regulamenta o procedimento do *habeas data*, estipula, em seu artigo 8.º, parágrafo único, que deve ser trazida aos autos, já na petição inicial, a prova:

- da recusa ao acesso às informações ou do decurso de mais de dez dias sem decisão;
- da recusa em fazer-se a retificação ou do decurso de mais de 15 dias sem decisão; ou
- da recusa em fazer-se a anotação de explicação ou contestação sobre dado, ainda que não inexato, desde que justificada.

Legitimidade ativa

Assim como o *habeas corpus*, o *habeas data* pode ser impetrado por qualquer indivíduo, desde que as informações sejam relativas à pessoa do impetrante, em razão do caráter personalíssimo dessa ação, incidindo tal garantia também para obtenção de acesso a dados sigilosos.

Por esse motivo, entendemos incabível o *habeas data* quando violado o artigo 5.º, XXXIII, da CF, que preceitua: "Todos têm direito a receber dos órgãos públicos informações de seu interesse particular, ou de interesse coletivo ou geral, que serão prestadas no prazo da lei, sob pena de responsabilidade, ressalvadas aquelas cujo sigilo seja imprescindível à segurança da sociedade e do Estado". Ora, apesar da existência do direito líquido e certo à informação, esta se refere, no aludido inciso, a interesse particular, coletivo ou geral, que nem sempre reflete o interesse pessoal do impetrante, logo não caberia *habeas data* nessa hipótese, mas sim mandado de segurança, embora já se tenha admitido *habeas data* no caso de informações do *de cujus*, impetrado por cônjuge supérstite ou herdeiros.

Legitimidade passiva

Poderá ser sujeito passivo em *habeas data* qualquer instituição, pública ou privada, pertencente a órgão público ou prestadora de serviço de interesse público, desde que mantenha bancos de dados.

Mandado de segurança

Essa garantia constitucional, prevista no artigo 5.º, LXIX, da CF, tutela o direito líquido e certo não amparado por *habeas corpus* ou *habeas data* quando o responsável pela ilegalidade ou abuso de poder for autoridade pública ou agente de pessoa jurídica no exercício de atribuições do Poder Público.

Assim, nítido se mostra o caráter residual do mandado de segurança, que só é cabível quando o direito que se tutela não pode ser garantido por *habeas corpus* ou *habeas data*, podendo ser impetrado na forma preventiva ou repressiva, isto é, para evitar ou reparar lesão ao direito líquido e certo.

Direito líquido e certo

O direito líquido e certo a que alude o mandado de segurança é aquele cuja comprovação é pré-constituída, acompanhando a petição inicial, ou seja, no curso da demanda não haverá dilação probatória como prova testemunhal ou pericial. Nas palavras de Hely Lopes Meirelles (*Mandado de segurança*, p. 37):

> Quando a lei alude a direito líquido e certo, está exigindo que esse direito se apresente com todos os requisitos para seu reconhecimento e exercício no momento da impetração. Em última análise, direito líquido e certo é direito comprovado de plano. Se depender de comprovação posterior, não é líquido e certo, para fins de segurança.

Legitimidade ativa

O impetrante de mandado de segurança pode ser qualquer pessoa, física ou jurídica, nacional ou estrangeira, ou órgão público com capacidade processual, desde que comprove violação a direito líquido e certo seu, que não fira a liberdade de locomoção ou o direito de informação da própria pessoa.

Legitimidade passiva

Sujeito passivo é a autoridade coatora responsável pela prática de ação ou omissão que ameaça ou efetivamente fira direito líquido e certo, a qual obrigatoriamente deve ser apontada pelo impetrante, a fim de que esta preste informações. Pode figurar nesse pólo passivo qualquer autoridade pública ou quem lhe faça as vezes, ou seja, pessoa jurídica no exercício de atribuições do Poder Público.

Prazo para impetração de mandado de segurança

Conforme preceitua o artigo 18 da Lei 1.533/51, o prazo para impetração do mandado de segurança é de 120 dias, contados da ciência do ato a ser impugnado. A natureza do referido prazo é decadencial, ou seja, perde-se o direito se não respeitado, embora ainda seja possível a reparação da lesão pela via ordinária, o que nos parece contraditório, uma vez que, se efetivamente se opera a decadência, o direito em si mesmo estaria perdido, impossibilitando, assim, a pretensão por qualquer via. Por tal razão, entendemos que esse prazo não é sequer decadencial, além de inconstitucional, como será visto.

Interessante o posicionamento de parte dos doutrinadores, entre eles Nelson Nery Jr., ao analisar a constitucionalidade do aludido prazo. Para o referido autor, o prazo previsto na legislação infraconstitucional seria inconstitucional, visto que, se o legislador constituinte desejasse impor um verdadeiro limite temporal para o exercício do mandado de segurança, o faria no próprio texto constitucional, e assim não o fez. Logo, qualquer limite nesse sentido imposto por norma infraconstitucional seria inconstitucional.

> A questão que se coloca a esta altura é relativa ao poder regulamentar do legislador ordinário infraconstitucional. Será que a lei ordinária teria legitimidade para restringir garantia instituída pela Constituição Federal, exigidos requisitos que a Carta Política não exigiu para o exercimento da garantia e/ou direito?
>
> Parece-nos que não. O legislador poderia, isto sim, estabelecer normas procedimentais para que pudesse ser exercida na prática a garantia constitucional do mandado de segurança, como, por exemplo, a forma e

prazo em que seriam prestadas as informações pela autoridade coatora, a intervenção obrigatória do Ministério Público, etc. (Nery Jr., Nelson, *op. cit.*, p. 104).

Apesar dessa corrente, o STF pacificou o entendimento de que o prazo previsto para impetração de mandado de segurança é constitucional, baseando-se, inclusive, no princípio da razoabilidade.

Competência para o julgamento de mandado de segurança

Diferentemente do que ocorre com as regras de competência do *habeas corpus*, a competência para o julgamento de mandado de segurança contra atos e omissões de um tribunal é do próprio tribunal. Portanto, o STF carece de competência para processar e julgar mandado de segurança contra atos de tribunais inferiores. Aliás, o STF não detém competência para processar e julgar nem mesmo mandado de segurança contra atos de suas turmas ou do plenário, pois estes representam o próprio pretório excelso.

Mandado de injunção

Conforme determina o artigo 5.º, LXXI, da CF, "conceder-se-á mandado de injunção sempre que a falta de norma regulamentadora torne inviável o exercício dos direitos e liberdades constitucionais e das prerrogativas inerentes à nacionalidade, à soberania e à cidadania".

Essa garantia objetiva, assim, apontar e suprir a omissão normativa dos poderes que inviabiliza a plena aplicação do exercício dos direitos previstos constitucionalmente.

Legitimidade ativa

Qualquer pessoa que tenha o exercício de direitos e liberdades constitucionais ou de prerrogativas inerentes à nacionalidade, à soberania e à cidadania inviabilizado por falta de norma que deveria ser emanada do Poder Público pode ser sujeito ativo do mandado de injunção.

Legitimidade passiva

O legitimado passivo do mandado de injunção é aquele que tinha o dever de emanar as normas que viabilizariam o pleno exercício dos direitos constitucionais mencionados, ou seja, somente o ente estatal pode figurar no pólo passivo em mandado de injunção, pois só ele detém competência para emanar normas que viabilizem direitos constitucionais.

Competência para o julgamento de mandado de injunção

O julgamento de mandado de injunção compete:

- ao STF, quando a edição da norma for de atribuição do presidente da República, do Congresso Nacional, da Câmara dos Deputados, do Senado Federal, da Mesa das respectivas Casas Legislativas, do Tribunal de Contas da União (TCU), dos tribunais superiores ou do próprio STF (art. 102, I, "q", CF);
- ao STJ, quando a elaboração da norma regulamentadora for atribuição de órgão, entidade ou autoridade federal, excetuados os casos do STF, dos tribunais superiores especiais e da Justiça Federal (art. 105, I, "h", CF).

Efeitos do mandado de injunção

Existem diversas correntes a respeito dos eventuais efeitos advindos do mandado de injunção.

Para parte da doutrina, o mandado de injunção teria efeitos constitutivos, ou seja, ao declarar a mora normativa que inviabilizou o direito constitucionalmente previsto, o Poder Judiciário aponta o caminho normativo até que o respectivo poder competente para a edição da norma a faça. Essa é a posição de Nelson Nery Jr. (*op. cit.*, p. 113):

> De outra parte, o objetivo do mandado de injunção não é obter "recomendação" do Poder Judiciário para que o poder ou órgão omisso implemente a norma constitucional programática, mas exatamente o contrário: para que aplique o direito constitucional ao caso concreto, sendo que a solução dada pelo Poder Judiciário valerá única e exclusivamente para aquela hipótese. Não se configura, portanto, como intromissão do Poder Judiciário na função típica do Poder Legislativo, pois não há emissão de sentença com caráter genérico.

Portanto, para o referido autor, o direito já existe e o Poder Judiciário somente apontaria a correta forma de aplicá-lo. Vale salientar que essa corrente defende o efeito constitutivo do mandado de injunção, mas apenas com efeito *inter partes*, ou seja, a decisão do Poder Judiciário só valeria para aquele caso concreto.

Outra vertente vai mais além: defende não apenas o efeito constitutivo do mandado de injunção, como também seu efeito para todos, *erga omnes*.

Essa posição é defendida, entre outros, por José Joaquim Calmon de Passos (citado por Nery Jr., Nelson, *op. cit.*, p. 114), para quem, com base no princípio da isonomia, o caminho jurídico apontado pelo Poder Judiciário deve servir para todos que pretendam exercer aquele determinado direito que até então estava inviabilizado pela falta de norma regulamentadora.

Há entendimentos de que, antes de o Poder Judiciário conceder a efetivação da norma constitucional pendente de norma regulamentadora, deve estabelecer um prazo ao poder omisso para que a norma constitucional seja regulamentada. Os defensores de tal corrente, entre eles Néri da Silveira e Alexandre de Moraes (Moraes, Alexandre de, *op. cit.*, p. 161-2), entendem que, dessa forma, não haveria discussão a respeito de possível violação à separação dos poderes, pois, assim, o Poder Judiciário estaria respeitando as outras funções dos poderes e ao mesmo tempo exercendo sua função precípua, qual seja, o resguardo dos direitos e garantias fundamentais.

Contudo, o STF não se aliou a nenhuma dessas correntes, preferindo adotar, como regra, uma interpretação que praticamente inviabiliza o uso de tal garantia, pois os efeitos do mandado de injunção seriam apenas declaratórios, ou seja, declarada a mora normativa, o poder omisso será comunicado tão-somente a saná-la, sem que o Poder Judiciário possa apontar o caminho jurídico apropriado ante a omissão ou mesmo abrir prazo para que o respectivo poder omisso aja.

Direito de petição

O artigo 5.º, XXXIV, da CF estabelece que todos têm direito de petição aos poderes públicos, independentemente de pagamento de taxas, em defesa de direitos ou contra ilegalidade ou abuso de poder.

Esse instrumento, próprio da essência democrática, assegura a todos a missão de fiscalização da coisa pública, como também a prerrogativa de obrigar a autoridade pública a receber suas alegações de violação de direito ou abuso de poder, e esta terá de responder em prazo razoável, sob pena de infringir o aludido direito, a ser sanado por mandado de segurança, pois é um direito líquido e certo.

Direito de certidão

O direito de certidão também é um direito líquido e certo previsto na Constituição Federal, no artigo 5.º, XXXIV, pois todos têm direito à obtenção de certidões em repartições públicas, para defesa de direitos e esclarecimento de situações de interesse pessoal, independentemente de pagamento de taxas.

A negativa do órgão público em fornecer a certidão caracteriza infração ao direito líquido e certo, claramente caracterizador de ilegalidade e abuso de poder, passível, portanto, de mandado de segurança. O Poder Público somente poderá negar-se a certificar uma situação já consolidada se, para isso, estiver tutelando um bem maior, como a segurança da sociedade e do Estado.

Garantias constitucionais de tutela de interesses transindividuais

A Constituição Federal de 1988 inovou ao tutelar, além do direito individual privado e do interesse público, os interesses transindividuais. Neles, o bem jurídico tutelado pertence a um grupo de pessoas indeterminado, indeterminável, determinado ou determinável, as quais estão unidas por um vínculo jurídico ou de fato. Esses interesses podem ser divisíveis (cuja cisão é possível) ou indivisíveis (cuja cisão não é possível) e são assim classificados:

- **Interesses difusos** – Seus titulares são pessoas indeterminadas ou indetermináveis, ou seja, não é possível mensurar quais são as pessoas titulares desses interesses, unidas preponderantemente por um fato, constituindo-se em interesses indivisíveis. Um exemplo é um dano ambiental provocado por determinada pessoa jurídica. Torna-se praticamente impossível identificar quais são os titulares desse direito que foram prejudicados (indeterminados), que estão ligados pelo fato da prática do dano ambiental, e é impossível dividir o dano ou mesmo o ressarcimento.
- **Interesses coletivos** – Seus titulares são pessoas determinadas ou determináveis, ou seja, é possível mensurar quais são as pessoas titulares desses interesses, unidas preponderantemente por uma circunstância jurídica, constituindo-se em interesses indivisíveis. Assim ocorre com o pedido de anulação de cláusula contratual abusiva em um consórcio. Nesse caso, os titulares do interesse são pessoas determináveis (só quem aderiu ao consórcio) que têm um aspecto jurídico em comum (todas aderiram ao referido contrato) e, declarada a nulidade, não é possível sua divisão, pois a ilegalidade é a mesma para todas, independentemente da quantidade de quotas que cada uma possui.

- **Interesses individuais homogêneos** – Seus titulares são pessoas determinadas ou determináveis, ou seja, é possível mensurar quais são as pessoas titulares desses interesses, unidas preponderantemente por uma circunstância de fato, constituindo-se em interesses divisíveis. No exemplo acima mencionado, se o pedido de anulação não se limita à declaração da aludida ilegalidade, mas abrange também o ressarcimento dos valores pagos indevidamente em decorrência da cláusula, o interesse continua a ser de pessoas determinadas, ligadas ao ente pelo mesmo fato do pagamento indevido, mas esse interesse, ao contrário dos outros dois, é divisível, pois o ressarcimento será baseado no que cada um dos consorciados pagou: quem pagou mais receberá mais.

Sistematizando essa classificação de interesses, Hugo Nigro Mazzilli (*A defesa dos interesses difusos em juízo*, p. 53) estabeleceu o seguinte quadro:

Interesses	Grupo	Divisibilidade	Origem
Difusos	Indeterminável	Indivisível	Situação de fato
Coletivos	Determinável	Indivisível	Relação jurídica
Individuais homogêneos	Determinável	Divisível	Origem comum

Com relação aos interesses transindividuais, a Constituição Federal, além de prevê-los, os garantiu por ações específicas: mandado de segurança coletivo, ação popular e ação civil pública.

Mandado de segurança coletivo

Previsto no artigo 5.º, LXX, da CF, constitui-se na ampliação do mandado de segurança para tutela de direitos líquidos e certos coletivos. Para o exercício dessa garantia, ocorre a chamada legitimação extraordinária ou substituição processual, na qual, diferentemente da legitimação ordinária, em que se defende direito alheio em nome alheio, defende-se direito alheio em nome próprio.

O mandado de segurança coletivo pode ser impetrado por partido político com representação no Congresso Nacional, organização sindical, entidade de classe ou associação legalmente constituída há pelo menos um ano; os legitimados defendem, em nome próprio, os interesses de seus membros ou associados. Logo, o mandado de segurança coletivo não tutela direitos líquidos e certos das pessoas jurídicas que o impetram, mas sim de seus membros ou associados.

Vale mencionar que a impetração do mandado de segurança coletivo não retira a possibilidade de o indivíduo impetrar o mandado de segurança individual, desde que presentes os requisitos constitucionais.

Ação popular

Preceitua o artigo 5.º, LXXIII, da CF que "qualquer cidadão é parte legítima para propor ação popular que vise a anular ato lesivo ao patrimônio público ou de entidade de que o Estado participe, à moralidade administrativa, ao meio ambiente e ao patrimônio histórico e cultural, ficando o autor, salvo comprovada má-fé, isento de custas judiciais e do ônus da sucumbência".

Essa ação transforma o cidadão, que detém o amplo gozo de seus direitos políticos, em verdadeiro fiscal da Constituição na observância das ações dos governantes e representantes da coisa pública. A condição de cidadão é imprescindível para propor ação popular. Assim, não poderão ingressar com a ação os estrangeiros, as pessoas jurídicas e aqueles cujos direitos políticos foram suspensos ou perdidos, ou seja, em caso de cancelamento de naturalização por sentença transitada em julgado, incapacidade civil absoluta, condenação criminal transitada em julgado enquanto durarem seus efeitos, recusa de cumprir obrigação a todos imposta ou prestação alternativa e improbidade administrativa.

A ação popular é uma garantia diferenciada, visto que não há previsão constitucional de competência originária de tribunais superiores. Portanto, não há foro por prerrogativa de função na ação popular, nem mesmo ao presidente da República, que deverá ser julgado em primeira instância, desde que haja ato ou omissão do Poder Público com efetiva lesividade ao patrimônio público ou de entidade de que o Estado participe.

Não se deve esquecer também que outros interesses difusos e coletivos podem ser tutelados pela ação popular, como o meio ambiente e o patrimônio histórico e cultural.

Ação civil pública

Embora não esteja elencada entre as garantias constitucionais do artigo 5.º da CF, a ação civil pública vem se transformando em um poderoso meio de combate às lesões aos interesses difusos e coletivos. Por força dessa determinação, o artigo 129, III, da CF preceitua que cabe ao Ministério

Público promover o inquérito civil e a ação civil pública, para a proteção do patrimônio público e social, do meio ambiente e de outros interesses difusos e coletivos.

Na ação civil pública, o rol de interesses transindividuais defendidos é mais extenso que nas outras garantias de tutela dessa espécie de interesses, abarcando a proteção ao meio ambiente, ao consumidor, ao patrimônio cultural, público e social, aos portadores de deficiência, aos investidores no mercado de valores mobiliários, às crianças e aos adolescentes, à ordem econômica, à economia popular e às pessoas idosas.

LEGITIMADOS

A Lei 7.347/85, que disciplina a ação civil pública, traz como legitimados ativos para propor a ação o Ministério Público, as pessoas jurídicas de direito público interno (União, Estados, Distrito Federal e Municípios), suas entidades paraestatais e as associações, desde que constituídas há mais de um ano, cuja finalidade seja a proteção de interesses difusos e coletivos, e como legitimados passivos todos aqueles que realizarem ato nocivo ou potencialmente prejudicial ao interesse difuso ou coletivo, incluindo pessoas e órgãos da administração pública em todos os seus níveis, bem como pessoas físicas e jurídicas particulares.

INQUÉRITO CIVIL

É o procedimento administrativo de titularidade do Ministério Público para investigar a autoria e a existência de atos nocivos aos interesses transindividuais, que servirá como base para a propositura da ação civil pública.

TERMO DE AJUSTE DE CONDUTA (TRANSAÇÃO OU COMPROMISSO DE AJUSTAMENTO)

É o acordo celebrado entre o causador do dano e os órgãos públicos legitimados para propor a ação civil pública, reduzido a termo, no qual o causador da lesão se compromete a se adequar a uma conduta ou a reparar lesão a interesse transindividual; se cumpridas as condições, não haverá prosseguimento da ação civil pública.

Caso o autor da lesão não cumpra o acordo, este valerá como título executivo extrajudicial, pois não é colhido nem homologado em juízo.

Em Resumo

Garantias Constitucionais

As garantias são previsões constitucionais que asseguram os direitos emanados pela Constituição. Servem de precaução ou repreensão à arbitrariedade, à ilegalidade ou ao abuso de poder que violam os direitos. Entre elas, destacam-se: *habeas corpus*, *habeas data*, mandado de segurança, mandado de injunção, mandado de segurança coletivo e ação popular.

Preste Atenção

A Constituição Federal de 1988 inovou ao tutelar, além do direito individual privado e do interesse público, os interesses transindividuais, quais sejam, os interesses difusos, coletivos e individuais homogêneos. Nessas espécies de interesses, o bem jurídico tutelado pertence a um grupo de pessoas indeterminado, indeterminável, determinado ou indeterminável, unidas por um vínculo jurídico ou de fato, sendo que tais interesses são divisíveis ou indivisíveis. Entre as garantias que tutelam essas espécies de interesses estão o mandado de segurança coletivo e a ação popular.

10

Direitos Sociais

Conforme ensina Alexandre de Moraes (*op. cit.*, p. 177), direitos sociais são:

> Os direitos fundamentais do homem, caracterizando-se como verdadeiras liberdades positivas, de observância obrigatória em um Estado social de Direito, tendo por finalidade a melhoria de condições de vida aos hipossuficientes, visando à caracterização da igualdade social, e são consagrados como fundamentos do Estado democrático, pelo artigo 1.º, IV, da CF.

Classificação

São direitos sociais os relativos:

- ao trabalhador (arts. 7.º a 11, CF);
- à seguridade social, abrangendo os direitos à saúde, à previdência social e à assistência social (arts. 193 a 204, CF);
- à educação, à cultura e ao esporte (arts. 205 a 217, CF);
- à família, à criança, ao adolescente, ao idoso e às pessoas portadoras de deficiência (arts. 226 a 230, CF)

Direitos sociais individuais e coletivos

A Constituição assegura os direitos sociais relativos ao trabalhador tanto isolada como coletivamente, destacando-se os coletivos, como a liberdade de associação profissional ou sindical (art. 8.º), os direitos de greve (art. 9.º), de participação em órgãos colegiados (art. 10) e de representação nas empresas com mais de 200 empregados (art. 11).

Em Resumo

Direitos Sociais

Direitos sociais são "os direitos fundamentais do homem, caracterizando-se como verdadeiras liberdades positivas, de observância obrigatória em um Estado social de Direito, tendo por finalidade a melhoria de condições de vida aos hipossuficientes, visando à caracterização da igualdade social, e são consagrados como fundamentos do Estado democrático". São direitos sociais os relativos:

- ao trabalhador;
- à seguridade social, abrangendo os direitos à saúde, à previdência social e à assistência social;
- à educação, à cultura e ao esporte;
- à família, à criança, ao adolescente, ao idoso e às pessoas portadoras de deficiência.

Preste Atenção

Os direitos sociais obrigam o Estado a conceder melhores condições de vida aos hipossuficientes, a fim de consagrar suas normas programáticas.

11

NACIONALIDADE

Nacionalidade é o elo entre um Estado e um indivíduo, por meio do qual este se torna parte integrante daquele, sujeitando-se, conseqüentemente, às regras e obtendo seus direitos.

Aquisição da nacionalidade

A nacionalidade pode ser obtida de duas formas: primária (originária) ou secundária.

Nacionalidade primária ou originária

É adquirida pelo indivíduo quando este nasce, sem resultar, em regra, de um ato de vontade. Há dois critérios:

- ***Ius sanguinis* (consangüinidade)** – Adotado em países mais antigos, tem como fator preponderante para identificar a nacionalidade os ascendentes do indivíduo até determinado grau. Exemplificando, filho de italiano é italiano, pouco importando o lugar em que nasceu, pois seus ascendentes em primeiro grau possuem sangue italiano, logo ele também o tem.
- ***Ius soli* (territorialidade)** – Adotado em países formados por grande cunho imigratório, identifica-se o nacional por meio do local de seu nascimento, pouco importando sua ascendência. Basta nascer em território de determinado país para que o indivíduo se torne natural dele.

O Brasil adota como regra o *ius soli*, porém não deixa de aplicar o *ius sanguinis*, existindo, inclusive, previsão constitucional, como será visto adiante.

Com base nesses critérios, é plenamente possível um indivíduo ter mais de uma nacionalidade (polipátrida), como no caso de filho que nasce em país que adota o *ius soli* e seus pais são provenientes de país que adota o *ius sanguinis*, ou mesmo não ter nacionalidade (apátrida ou *heimatlos*, do alemão), como no caso de filho que nasce em país que adota o *ius sanguinis* e seus pais são provenientes de país que adota o *ius soli*.

CRITÉRIOS DE AQUISIÇÃO DA NACIONALIDADE ORIGINÁRIA BRASILEIRA - BRASILEIROS NATOS

Conforme o artigo 12, I, da CF são brasileiros natos, ou seja, indivíduos que adquirem a nacionalidade originária brasileira:

a) **Os nascidos na República Federativa do Brasil, ainda que de pais estrangeiros, desde que estes não estejam a serviço de seu país.**

Por esse critério, o Brasil adota a regra do *ius soli*, ou seja, são brasileiros natos os indivíduos que nascem em território brasileiro. O termo "território" abrange tanto o território propriamente dito como navios e aeronaves de guerra, navios mercantes, aeronaves, espaço aéreo e mar territorial brasileiros.

Entretanto, a Constituição apresenta uma exceção à regra do *ius soli*: os nascidos no território brasileiro, filhos de pais estrangeiros, desde que qualquer um deles esteja a serviço de seu país – o que compreende carreira diplomática, consular, serviço para órgão da administração pública direta ou indireta do Estado estrangeiro – não terão a nacionalidade originária brasileira. Vale destacar que não se aplica essa exceção ao estrangeiro que está no Brasil a serviço de um órgão ou entidade internacional que não esteja representando oficialmente seu país. Logo, adota-se, nesse caso, a regra da territorialidade e o filho desse estrangeiro será considerado brasileiro nato.

b) **Os nascidos no estrangeiro, de pai brasileiro ou mãe brasileira, desde que qualquer um deles esteja a serviço da República Federativa do Brasil.**

Nessa hipótese de aquisição da nacionalidade originária brasileira prevista constitucionalmente, o Brasil não adota a regra do *ius soli*, mas sim a consangüinidade somada ao caráter funcional. O raciocínio é simples: se estrangeiros que estão no Brasil a serviço de seu país concebem seu filho no território brasileiro e este não é considerado brasileiro, a recíproca deve ser a mesma, ou seja, o pai brasileiro ou a mãe brasileira que está em país estrangeiro a serviço do Brasil e nele concebe seu filho, este tem de ser considerado brasileiro nato. Nesse caso, o indivíduo é brasileiro sem ter nascido em território brasileiro (aplicação do *ius sanguinis* somado ao critério funcional), pois só será brasileiro se seu pai ou sua mãe estiver no estrangeiro representando a República Federativa do Brasil.

c) **Os nascidos no estrangeiro, de pai brasileiro ou mãe brasileira, desde que venham a residir na República Federativa do Brasil e optem, em qualquer tempo, pela nacionalidade brasileira.**
Até a edição da Emenda Constitucional de Revisão 3, de 1994, os filhos de pai ou mãe brasileiros que não estivessem representando o Brasil e que nascessem no estrangeiro poderiam ser registrados na repartição competente (embaixada ou consulado). Atualmente, porém, para ser brasileiro nato, o filho de brasileiro nascido no estrangeiro deve voltar a residir no Brasil e optar, a qualquer tempo, pela nacionalidade brasileira.
Esse critério reúne a consangüinidade (só filhos de brasileiros podem adquirir a nacionalidade brasileira nessa hipótese) somada à fixação de residência e à opção pela nacionalidade brasileira. Como se vê, em última análise, é preciso a exteriorização de um ato de vontade do indivíduo, e é por isso que essa hipótese de nacionalidade originária brasileira também é chamada de nacionalidade potestativa. Por essa razão, até que complete a maioridade civil, presume-se brasileiro esse indivíduo. Após a maioridade, a condição de brasileiro fica suspensa até que sejam atendidos todos os requisitos, ou seja, residência e opção pela nacionalidade brasileira.

Nacionalidade secundária

Decorre do ato de vontade do indivíduo de se tornar parte integrante do Estado.

CRITÉRIO DE NACIONALIDADE SECUNDÁRIA BRASILEIRA - BRASILEIROS NATURALIZADOS

Nessa espécie de nacionalidade brasileira, o fator preponderante é a manifestação da vontade de adquirir a nacionalidade brasileira.

Conforme o artigo 12, II, da CF, são formas de se tornar brasileiro naturalizado:

Naturalização ordinária

Divide-se em duas:

a) **Naturalização de estrangeiros que não sejam provenientes de países de língua portuguesa** – Esse tipo de naturalização, embora previsto constitucionalmente, depende da forma estabelecida pela Lei 6.815/80, denominada Estatuto do Estrangeiro, que, em seu artigo 112, elenca os requisitos autorizadores para a concessão da naturalização:

- capacidade civil;
- visto brasileiro permanente;
- residência contínua no país por quatro anos;
- ler e escrever em português;
- boa conduta e saúde;
- exercitar uma profissão ou ser possuidor de bens suficientes para sua manutenção e de sua família;
- inexistência de denúncia, pronúncia ou condenação no Brasil ou no exterior por crime doloso a que seja cominada pena abstrata mínima de prisão superior a um ano.

b) **Naturalização de estrangeiros provenientes de países de língua portuguesa** – Para essa espécie de naturalização, a Constituição exige tão-somente dois requisitos:
   - residência no país por um ano ininterrupto;
   - idoneidade moral.

Naturalização extraordinária ou quinzenária

Conforme o artigo 12, II, “b”, da CF, com redação dada pela Emenda de Constitucional de Revisão 3/94, são requisitos para que os estrangeiros adquiram sua naturalização:

- residência fixa no país há mais de 15 anos ininterruptos;
- inexistência de condenação penal.

Diferenças entre naturalização ordinária e extraordinária

Ambas têm os mesmos efeitos, ou seja, a partir do momento em que o magistrado expede a respectiva certidão de naturalização ao interessado, este é considerado brasileiro.

Embora o certificado seja expedido pelo Poder Judiciário, o processo de naturalização tramita perante o Ministério da Justiça e culmina com a decisão final do presidente da República. É exatamente nesse aspecto que as duas espécies de naturalização se diferenciam.

A naturalização ordinária é ato discricionário do presidente da República. Nas palavras de Hely Lopes Meirelles (*Direito Administrativo brasileiro*, p. 164), atos administrativos discricionários:

> São os que a Administração pode praticar com liberdade de escolha de seu conteúdo, de seu destinatário, de sua conveniência, de sua oportunidade e do modo de sua realização.

Pelo princípio da legalidade previsto no artigo 37, *caput*, da CF, a administração pública é inerte enquanto não há lei autorizando e moldando a conduta do agente público em busca do interesse público. Quando a própria lei confere ao agente a possibilidade de decisão para agir, está concedendo-lhe certa liberalidade e discricionariedade, resumidas no binômio conveniência–oportunidade.

É exatamente isso que ocorre com a naturalização ordinária, que culmina com ato discricionário do presidente da República, ou seja, embora o indivíduo que demonstre a intenção de se naturalizar brasileiro reúna todas as condições elencadas na lei, mesmo assim o presidente da República, por razões de conveniência e oportunidade, pode negar-lhe a naturalização, por se tratar justamente de ato discricionário. Importante observar que o Poder Judiciário não pode interferir na decisão de mérito da conveniência e oportunidade sob pena de infringir na separação dos poderes, restando apenas o controle de legalidade dessa decisão.

Já a naturalização extraordinária ou quinzenária, apesar de tramitar de forma semelhante à naturalização ordinária, culmina em um ato vinculado do presidente da República. Neste, a lei não confere ao agente público a prerrogativa e a liberdade de decidir conforme sua conveniência e oportunidade; a própria lei molda por completo a conduta do agente, de modo que, se o particular reunir todas as condições dispostas na lei, o chefe do Poder Executivo não pode, por razões de conveniência e oportunidade, negar o pedido amparado na lei.

Nas palavras de Hely Lopes Meirelles (*idem*, p. 162-3):

> Atos vinculados ou regrados são aqueles para os quais a lei estabelece os requisitos e condições de sua realização. Nessa categoria de atos, as imposições legais absorvem, quase por completo, a liberdade do administrador, uma vez que sua ação fica adstrita aos pressupostos estabelecidos pela norma legal para a validade da atividade administrativa.

Logo, enquanto a naturalização ordinária, para ser concedida, passa pelo exame de legalidade e de conveniência e oportunidade do presidente da República, a naturalização extraordinária depende única e exclusivamente das observações e requisitos constantes na lei.

Quase nacionalidade ou reciprocidade

Conforme já visto, para que os estrangeiros provenientes de países de língua portuguesa se naturalizarem brasileiros, basta que residam no Brasil por um ano e tenham idoneidade moral.

Aos portugueses, além desses requisitos de maior facilidade para aquisição da naturalização, existe a reciprocidade ou a quase nacionalidade, prevista no artigo 12, § 1.º, da CF. Essa previsão constitucional atribui aos portugueses os mesmos direitos dos brasileiros naturalizados, sem que efetivamente se naturalizem e sem que percam a nacionalidade portuguesa. Portanto, os portugueses terão, como regra, os mesmos direitos e deveres dos brasileiros, se estes também tiverem, reciprocamente, os mesmos direitos que os portugueses em Portugal.

Diferenças entre brasileiros natos e naturalizados

Questão interessante versa sobre a possibilidade de tratamento diferenciado entre brasileiros natos e naturalizados: ora, se ambos são brasileiros, poderia existir tratamento diferenciado sem ferir o princípio da igualdade?

A resposta a essa questão certamente é positiva. Conforme já analisado quando estudado o direito à igualdade, podem existir fatores de discriminação em um caso concreto, desde que haja compatibilidade com o objetivo da norma constitucional.

A Constituição Federal de 1988 esgota tais diferenças em diversos artigos.

Cargos privativos de brasileiros natos

O artigo 12, § 3.º, da CF, dispõe que certos cargos são privativos de brasileiros natos. São eles:

- presidente da República;
- vice-presidente da República;
- presidente da Câmara dos Deputados;
- presidente do Senado Federal;
- ministro do STF;
- carreira diplomática;
- oficial das Forças Armadas;
- ministro de Estado da Defesa.

Existem duas razões para a existência desses cargos privativos de brasileiros natos. A primeira trata de cargos que se encontram na linha sucessória do presidente da República. Por razões de soberania nacional, esse cargo é privativo de brasileiro nato. Dessa maneira, todos os outros que estão na linha sucessória do presidente da República também devem ser privativos de brasileiros natos, uma vez que, na ausência do presidente da República, são os ocupantes desses cargos que assumirão as funções de presidente.

Assim determina o artigo 79 da CF, que trata da substituição ou sucessão do presidente da República pelo vice-presidente. No impedimento ou vacância dos cargos de presidente e de vice-presidente da República, serão sucessivamente chamados para o exercício da presidência o presidente da Câmara, o presidente do Senado Federal e o presidente do STF, conforme preceitua o artigo 80 da CF. Portanto, para esses cargos, é imprescindível que seus ocupantes sejam brasileiros natos.

Vale salientar que, muito embora apenas o presidente do STF possa assumir o cargo de presidente da República, a restrição a brasileiros naturalizados se estende ao cargo de ministro do STF, tendo em vista a rotatividade de ministros que ocupam o cargo de presidente, como também o grau de importância que tem o cargo de ministro do STF para a soberania nacional.

Diferentemente do que ocorre com o cargo de ministro do STF, que só pode ser ocupado por brasileiro nato, os cargos de deputado federal e senador da República podem ser ocupados por brasileiros naturalizados. A única restrição é que eles não poderão ser presidentes das respectivas Casas do Congresso Nacional.

A segunda razão para a vedação ao acesso de certos cargos aos brasileiros naturalizados é de ordem de segurança nacional. Embora tais cargos não se situem na linha sucessória do presidente da República, sua importância estratégica para o próprio Estado brasileiro faz com que haja a aludida proibição. Esses cargos, como já mencionado, são: carreira diplomática, oficial das Forças Armadas e ministro de Estado da Defesa.

Cargos no Conselho da República como representantes dos cidadãos ocupados apenas por brasileiros natos

Somente os brasileiros natos podem ocupar as seis vagas reservadas aos cidadãos para composição do Conselho da República.

Órgão consultivo do presidente da República, previsto no artigo 89 da CF, o Conselho da República pronuncia-se sobre intervenção federal, estado de defesa, estado de sítio e demais questões relevantes para a estabilidade das instituições democráticas e dele participam:

- vice-presidente da República;
- presidente da Câmara dos Deputados;
- presidente do Senado Federal;
- líderes da maioria e da minoria da Câmara dos Deputados e do Senado Federal;

- ministro da Justiça;
- seis cidadãos brasileiros natos, com mais de 35 anos de idade, sendo dois nomeados pelo presidente da República, dois eleitos pelo Senado Federal e dois eleitos pela Câmara dos Deputados, todos com mandato de três anos, vedada a recondução.

Além das restrições aos cargos de vice-presidente da República, presidente da Câmara dos Deputados e presidente do Senado Federal aos brasileiros naturalizados, os seis cidadãos brasileiros que integram o Conselho da República só poderão ser brasileiros natos.

Possibilidade de extradição somente de brasileiros naturalizados em hipóteses delimitadas

Segundo Jacob Dolinger (*Direito Internacional Privado*, p. 214), extradição:

> É o processo pelo qual um Estado atende ao pedido de outro Estado, remetendo-lhe pessoa processada no país solicitante por crime punido na legislação de ambos os países, não se extraditando, via de regra, nacional do país solicitado.

Portanto, quando um indivíduo comete um crime em um país e outro Estado entende-se por competente para julgá-lo, este solicita àquele o envio do indivíduo. O Brasil pode figurar como país solicitante da extradição, como também ser solicitado por outros países a enviar o indivíduo acusado por crime tipificado em ambos os países.

Nesse aspecto, o brasileiro nato jamais poderá ser extraditado, conforme determina o artigo 5.º, LI, da CF. Entretanto, o mesmo inciso prevê a possibilidade de extradição do brasileiro naturalizado em caso de crime comum ocorrido antes da naturalização ou de comprovado envolvimento em tráfico ilícito de entorpecentes e drogas afins. Portanto, o brasileiro nato jamais poderá ser entregue a outro país para que este o julgue e mesmo o condene.

Cumpre ressaltar que o estrangeiro (ou seja, o indivíduo que não é brasileiro nato ou naturalizado) poderá ser extraditado pelo Brasil, desde que o pedido não seja baseado em crime político ou de opinião.

O processo de extradição deve fundamentar-se em: tratado internacional; competência exclusiva do país solicitante para processar e julgar o indivíduo; previsão do tipo penal nos ordenamentos jurídicos dos países solicitante e solicitado; inocorrência de prescrição; inocorrência de crime de caráter político ou julgamento por tribunal de exceção; na lei brasileira, não cominação de pena ao crime igual ou inferior a um ano de prisão; compromisso do Estado requerente da extradição em realizar a detração, ou seja, descontar da condenação o tempo que o extraditado cumpriu na prisão no Brasil, comutar pena de morte salvo estado de guerra, não reextradição, ou seja, o país requerente seria uma ponte para a entrega do indivíduo a outro país que não solicitou a extradição ao Brasil.

O pedido de extradição é feito pelo Estado estrangeiro e julgado pelo STF. Caso o STF seja contrário à extradição, a decisão vincula o presidente da República; se a decisão for favorável à extradição, o presidente da República pode não extraditar o indivíduo, em razão do caráter discricionário e soberano da decisão presidencial.

Não se pode confundir a extradição com outros institutos. Conforme dito, a extradição é a entrega de um indivíduo por um Estado a outro que o solicita por ser competente para julgá-lo por uma prática criminosa.

Diferentemente ocorre com a expulsão, que, segundo Dolinger (*op. cit.*, p. 214):

> É o processo pelo qual um país expele de seu território estrangeiro residente, em razão de crime ali praticado ou de comportamento nocivo aos interesses nacionais, ficando-lhe vedado o retorno ao país donde foi expulso.

A diferença resta clara. No entendimento de Alexandre de Moraes (*op. cit.*, p. 88-9):

> Portanto, as hipóteses [extradição e expulsão] são diferentes. A extradição é pedido formulado por Estado estrangeiro, em virtude de crime cometido no exterior. Já a expulsão decorre de atentado à segurança nacional, ordem política ou social, ou nocividade aos interesses nacionais. Na primeira hipótese, o fato motivador ocorreu no exterior, sendo necessária provocação do país estrangeiro. Na segunda, o motivo ocorreu no Brasil, e procede-se *ex officio* da autoridade nacional.

Além de os motivos ensejadores dos institutos serem distintos – a extradição pressupõe prática de crime, enquanto a expulsão refere-se a atos contrários aos interesses internos do país –, há a diferença de local da prática do comportamento que motiva a aplicação – na extradição, o fato criminoso ocorreu no exterior; na expulsão, o fato corre internamente.

Não haverá expulsão se esta implicar extradição, não admitida pelo ordenamento jurídico brasileiro (conforme os pressupostos já apontados), ou ainda quando o estrangeiro:

- tiver cônjuge brasileiro do qual não esteja divorciado ou separado, de fato ou de direito, e desde que o casamento tenha sido celebrado há mais de cinco anos;
- tiver filho brasileiro que, comprovadamente, esteja sob sua guarda e dele dependa economicamente (mas a adoção ou reconhecimento de paternidade superveniente aos fatos que motivaram a expulsão não a impedem).

Esses requisitos impeditivos da expulsão não se aplicam à extradição, ou seja, o fato de o extraditando ter cônjuge ou filho brasileiro não impede o regular processamento da extradição, conforme súmula 421 do STF.

Já a deportação, segundo Dolinger (*op. cit.*, p. 214):

> É o processo de devolução de estrangeiro que aqui chega ou permanece irregularmente para o país de sua nacionalidade ou de sua procedência.

A deportação difere da extradição porque não pressupõe prática criminosa, mas ingresso no país de forma clandestina. Também difere da expulsão, pois esta ocorre após a prática de atividades nocivas ao interesse nacional, depois da chegada do estrangeiro, enquanto na deportação a simples entrada ou estada irregular do estrangeiro no país já enseja sua aplicação.

A expulsão e a deportação não se aplicam a brasileiros, pois o envio obrigatório configurar-se-ia banimento, expressamente vedado pela Constituição em seu artigo 5.º, XLVII, "d". Já a extradição, como visto, só poderá ocorrer nos casos de brasileiros naturalizados, por crime comum ocorrido antes da naturalização ou comprovado envolvimento em tráfico ilícito de entorpecentes.

Direito de propriedade de empresas jornalísticas e de radiodifusão somente para brasileiros natos ou naturalizados há mais de dez anos

Conforme o artigo 222 da CF, a propriedade de empresas jornalísticas ou de radiodifusão (jornais, revistas, rádios e televisões) é privativa de brasileiros natos ou naturalizados há mais de dez anos. A EC 36, de 2002, admitiu a possibilidade de pessoa jurídica ser proprietária de tais empresas, mas protegeu o caráter nacional destas ao exigir a reserva de pelo menos 70% do capital total e votante a brasileiros natos ou naturalizados há mais de dez anos, que exercerão obrigatoriamente a gestão de atividades e conteúdo da programação.

Perda da nacionalidade

Hipóteses

O brasileiro perderá a nacionalidade nas seguintes hipóteses (art. 12, § 4.º, I e II, CF):

- **Cancelamento da naturalização por sentença judicial, em virtude de atividade nociva ao interesse nacional** – Essa possibilidade de perda da nacionalidade evidentemente só se aplica aos brasileiros naturalizados, tendo em vista que se refere expressamente ao cancelamento de naturalização. Tal cancelamento só será efetivo após decisão judicial. As hipóteses de cabimento desse tipo de ação de legitimidade do Ministério Público Federal não são expressas, pois não há um conceito delimitado de atividade nociva ao interesse nacional. Dessa forma, caberá ao Judiciário a interpretação do que realmente é atividade nociva ao interesse nacional.
- **Aquisição de outra nacionalidade** – Diferentemente da primeira hipótese, essa possibilidade pode afetar tanto brasileiros naturalizados como natos. Assim, em regra, quando um brasileiro, por seu ato de vontade, adquire nacionalidade estrangeira, está automaticamente perdendo a nacionalidade brasileira.

Exceções constitucionais

A Constituição admite que o brasileiro adquira outra nacionalidade sem perder a brasileira nas seguintes situações:

- **Reconhecimento de nacionalidade originária estrangeira** – Como existem vários critérios de aquisição de nacionalidade nos mais diversos países, é perfeitamente possível que um brasileiro, ao nascer, já detenha também outra nacionalidade. A título de exemplo, o filho de um casal, brasileiro ou não, que nascer no Brasil será, em regra, brasileiro, pelo critério da territorialidade. No entanto, se esse casal for de um país que adote a consangüinidade, seus descendentes também terão a nacionalidade desse país. Caso o filho brasileiro, durante a vida, deseje o reconhecimento dessa nacionalidade estrangeira, não perderá a brasileira. Essa exceção é absolutamente correta, pois em momento algum a Constituição admite a dupla nacionalidade ao brasileiro que requer sua naturalização ao país estrangeiro, mas mero reconhecimento de nacionalidade estrangeira que ele já detinha ao nascer.

- **Imposição de naturalização, pela norma estrangeira, ao brasileiro residente em Estado estrangeiro, como condição para permanência em seu território ou para o exercício de direitos civis** – Nessa outra exceção em que o brasileiro adquire outra nacionalidade sem perder a brasileira, a intenção do constituinte foi preservar a autonomia da vontade, pois em tal hipótese não se cogita a vontade do brasileiro em adquirir outra nacionalidade (caso a aquisição de outra nacionalidade fosse proveniente de mero ato de vontade do brasileiro, este perderia sua nacionalidade), mas sim a imposição de naturalização do Estado estrangeiro ao brasileiro residente em seu território como condição para a permanência ou para o exercício de direitos civis. Por uma questão de soberania nacional, não poderia o constituinte brasileiro interferir nas normas dos outros países, porém, a fim de evitar uma verdadeira coação normativa contra o ato de vontade do brasileiro, a Constituição auxiliou o indivíduo brasileiro que esteja sendo obrigado, por norma estrangeira, a se naturalizar, pois nesse caso não perderá sua nacionalidade brasileira.

Em Resumo

Nacionalidade

Nacionalidade é o elo entre um Estado e um indivíduo, por meio do qual este se torna parte integrante daquele, sujeitando-se, conseqüentemente, às regras e obtendo seus direitos. Essa nacionalidade pode ser primária (originária) ou secundária.

A nacionalidade primária ou originária é adquirida pelo indivíduo quando este nasce. Há dois critérios: territorialidade ou *ius soli* – o qual o Brasil adota como regra – e consangüinidade (*ius sanguinis*).

São brasileiros natos:

a) os nascidos na República Federativa do Brasil, ainda que de pais estrangeiros, desde que estes não estejam a serviço de seu país;
b) os nascidos no estrangeiro, de pai brasileiro ou mãe brasileira, desde que qualquer um deles esteja a serviço da República Federativa do Brasil;
c) os nascidos no estrangeiro, de pai brasileiro ou mãe brasileira, desde que venham a residir na República Federativa do Brasil e optem, em qualquer tempo, pela nacionalidade brasileira.

A nacionalidade secundária decorre do ato de vontade do indivíduo de se tornar parte integrante do Estado.

São formas de se tornar brasileiro naturalizado:

a) **Naturalização ordinária** – Divide-se em duas:
   - naturalização de estrangeiros que não sejam provenientes de países de língua portuguesa;
   - naturalização de estrangeiros provenientes de países de língua portuguesa.
b) **Naturalização extraordinária ou quinzenária.**

A perda da nacionalidade brasileira se dá nos seguintes casos:

a) cancelamento da naturalização por sentença judicial, em virtude de atividade nociva ao interesse nacional;
b) aquisição de outra nacionalidade.

Há exceções constitucionais que admitem que o brasileiro adquira outra nacionalidade sem a perda da brasileira. São elas:

a) reconhecimento de nacionalidade originária estrangeira;
b) imposição de naturalização, pela norma estrangeira, ao brasileiro residente em Estado estrangeiro, como condição para permanência em seu território ou para o exercício de direitos civis.

Preste Atenção

Podem existir diferenciações entre brasileiros natos e naturalizados, desde que haja compatibilidade com o objetivo da norma constitucional.

A Constituição Federal de 1988 esgota tais diferenças em diversos artigos:

a) cargos privativos de brasileiros natos (art. 12, § 3.º);

b) cargos no Conselho da República como representantes dos cidadãos ocupados apenas por brasileiros natos (art. 89, VII);

c) possibilidade de extradição somente de brasileiros naturalizados em hipóteses delimitadas (art. 5.º, LI);

d) direito de propriedade de empresas jornalísticas e de radiodifusão somente para brasileiros natos ou naturalizados há mais de dez anos (art. 222).

12

DIREITOS POLÍTICOS

Conforme ensina Alexandre de Moraes (*op. cit.*, p. 207):

> É o conjunto de regras que disciplina as formas de atuação da soberania popular, conforme preceitua o *caput* do art. 14 da Constituição Federal. São direitos públicos subjetivos que investem o indivíduo no *status activae civitatis*, permitindo-lhe o exercício concreto da liberdade de participação nos negócios políticos do Estado, de maneira a conferir os atributos da cidadania.

Nesse mesmo sentido, dispõe José Afonso da Silva (*op. cit.*, p. 347):

> Os direitos políticos positivos consistem no conjunto de normas que asseguram o direito subjetivo de participação no processo político e nos órgãos governamentais Eles garantem a participação do povo no poder de dominação política por meio das diversas modalidades de direito de sufrágio.

Os direitos políticos podem ser considerados uma série de direitos que permitem aos cidadãos decidir efetivamente os rumos do Estado. Fazem parte desse conjunto de direitos: o direito ao sufrágio; o direito de voto; plebiscitos e referendos; e elegibilidade.

Direito ao sufrágio

É o binômio de direitos que compreende o direito de votar, como também de ser votado. O modo de se efetivar o direito ao sufrágio é mediante o voto.

O artigo 14 da CF deixa claro que a soberania popular será exercida pelo sufrágio universal, ou seja, atualmente não existe nenhuma discriminação que possa ser compatível com a proibição ao voto aos brasileiros.

Assim, critérios étnicos, econômicos e culturais não podem restringir o direito ao sufrágio.

Apesar de universal, o sufrágio não retira certas condições, previstas na Constituição, que os cidadãos devem possuir ou cumprir para exercitá-lo, como idade mínima e alistamento eleitoral.

Direito de voto - capacidade eleitoral ativa

O voto é o exercício do direito ao sufrágio, sendo obrigatório aos brasileiros com idade superior a 18 anos e inferior a 70, desde que alfabetizados. Portanto, é facultativo para:

- os maiores de 16 anos e menores de 18;
- os maiores de 70 anos;
- os analfabetos.

Há também proibição de alistamento eleitoral:

- aos estrangeiros;
- aos conscritos, durante o período de serviço militar.

Características do voto

- **Direto** – Os cidadãos elegem seus representantes sem precisar de intermediários para a escolha final. A única exceção ao voto direto no Brasil está disposta no artigo 81, § 2.º, da CF, que prevê que, vagando os cargos de presidente e vice-presidente da República durante os dois últimos anos do mandato presidencial, far-se-á eleição em 30 dias depois de aberta a última vaga, porém essa eleição não será direta, mas indireta, pelo Congresso Nacional. Caso a vacância dos referidos cargos se dê antes dos dois anos do período presidencial, a eleição será realizada 90 dias depois de aberta a última vaga e de forma direta, ou seja, será o povo que escolherá seus representantes.
- **Secreto** – Por meio do sigilo, garante-se plena liberdade de voto, diminuindo a incidência de pressões contra a verdadeira vontade popular.
- **Universal e igual** – O voto é exercido por todos, não se admitindo restrições de qualquer ordem, como já ocorreu em Constituições passadas, em que a mulher era proibida de votar, assim como quem não tinha grande poder econômico. Aliás, o exercício do voto tem valor igual para todos, ou seja, cada indivíduo representa o valor de um voto.

- **Periódico** – Os mandatos não são por prazo indeterminado. A própria Constituição Federal determina o prazo de exercício do mandato e, assim, periodicamente haverá eleições e alternância no poder.

Plebiscitos e referendos

A soberania popular é exercida pelo sufrágio universal e pelo voto direto e secreto, assim como mediante consultas populares denominadas plebiscitos e referendos, convocados pelo Congresso Nacional ou em casos de previsão expressa da Constituição, como nos de incorporação, subdivisão ou desmembramento de Estados.

A diferença entre o plebiscito e o referendo está no momento da manifestação direta do povo. Enquanto no plebiscito a consulta popular ocorre antes da discussão da matéria pelo Congresso Nacional, no referendo a matéria já foi discutida e aprovada pelos poderes, mas necessita da concordância popular para ter ou não eficácia.

Elegibilidade - capacidade eleitoral passiva

Enquanto a capacidade eleitoral ativa dispõe sobre a possibilidade de o cidadão votar e eleger seus representantes, a capacidade eleitoral passiva corresponde ao direito desse mesmo cidadão de pleitear os mandatos, ou seja, resume-se no direito de ser votado.

Requisitos constitucionais para o exercício da capacidade eleitoral passiva

Para ser votado nas eleições para cargos públicos, o cidadão deve preencher os seguintes requisitos (art. 14, § 3.º, I a V, CF):

a) **Nacionalidade brasileira** – O cidadão deve obrigatoriamente ser brasileiro, nato ou naturalizado, ou português, que, por equiparação, é considerado brasileiro. Essa regra só não se aplica aos cargos em que se exige a nacionalidade originária brasileira.

b) **Pleno exercício dos direitos políticos** – Ressalte-se que a suspensão ou a perda dos direitos políticos acarretam a incapacidade eleitoral passiva, as quais ocorrem nos seguintes casos (art. 15, CF):
   - cancelamento da naturalização por sentença transitada em julgado – perda;
   - incapacidade civil absoluta – suspensão;

- condenação criminal transitada em julgado, enquanto durarem seus efeitos (até a extinção da punibilidade) – suspensão;
- recusa de cumprir obrigação a todos imposta ou prestação alternativa, nos termos do artigo 5.º, VIII, da CF (escusa de consciência) – perda;
- improbidade administrativa, nos termos do artigo 37, § 4.º, da CF, e arts. 9.º, 10 e 11, da Lei 8.429/92 – suspensão.
- O artigo 52, parágrafo único, da CF também reporta à inabilitação, por oito anos, para o exercício de função pública na condenação do presidente e do vice-presidente da República, entre outros, por crime de responsabilidade.

c) **Alistamento eleitoral** – O alistamento eleitoral comprova-se pela inscrição eleitoral no juízo eleitoral do domicílio do local da candidatura. Já o candidato comprova essa condição com a apresentação de seu título de eleitor, tendo em vista que, para ser votado, obrigatoriamente deve reunir todos os requisitos para votar, embora nem todos os cidadãos que votam possam ser votados (o analfabeto pode votar facultativamente, mas não ser votado).

d) **Domicílio eleitoral na circunscrição** – Para concorrer às eleições para representar determinado Estado membro ou Município, o cidadão tem de ser domiciliado no próprio Estado ou Município pelo qual se candidata.

e) **Filiação partidária** – Para se candidatar a cargos públicos em eleições, o cidadão deve obrigatoriamente ser filiado a algum partido político, cujas regras e finalidades estão inseridas no artigo 17 da CF. Portanto, é impossível a candidatura de um cidadão sem representar determinado partido político.

f) **Idade mínima** – O requisito etário depende do cargo público que se almeja. Para se candidatar, o cidadão deve ter, no mínimo:
   - 35 anos, para os cargos de presidente, vice-presidente da República e senador;
   - 30 anos, para os cargos de governador e vice-governador de Estado e do Distrito Federal;
   - 21 anos, para os cargos de deputado federal, deputado estadual ou distrital, prefeito, vice-prefeito e juiz de paz;
   - 18 anos, para o cargo de vereador.

   Embora o artigo 11, § 2.º, da Lei 9.507/97 estabeleça que a verificação da idade mínima se dá no ato da posse, já existem julgados do Tribunal Superior Eleitoral (TSE) que estabelecem que tal verificação ocorre na data do pleito eleitoral, pois a Constituição impôs o requisito de idade para elegibilidade, ou seja, para que na data da eleição os cidadãos possam eleger seus representantes desde que estes detenham todos os requisitos constitucionais impostos.

Inelegibilidade

A ausência dos requisitos para o exercício da capacidade eleitoral passiva se denomina inelegibilidade, ou seja, o indivíduo que não preencher tais requisitos não pode candidatar-se a cargo de representante do povo.

INELEGIBILIDADE ABSOLUTA

Corresponde ao impedimento absoluto de concorrer a pleito eleitoral, para qualquer cargo eletivo. Assim, não podem concorrer a nenhum cargo eletivo:

- os inalistáveis, pois a capacidade eleitoral passiva pressupõe a existência da capacidade eleitoral ativa, ou seja, para ser votado, o indivíduo necessariamente deve deter todos os requisitos para votar; assim, os estrangeiros e os circunscritos, durante o período de serviço militar obrigatório, não podem se eleger;
- os analfabetos, que, embora possam votar, jamais poderão ser votados, por previsão expressa no artigo 14, § 4.º, da CF.

INELEGIBILIDADE RELATIVA

Nessa espécie de inelegibilidade, a impossibilidade de pleitear cargos em eleições se resume a certos cargos e a determinados mandatos, impossibilidade esta verificada quando da eleição.

INELEGIBILIDADE FUNCIONAL

Até a edição da EC 16/97, não havia a possibilidade de reeleição dos chefes do Poder Executivo nas esferas federal, estadual e municipal ou de quem os houvesse sucedido ou substituído no curso do mandato. Atualmente, tal reeleição é possível, para um único período subseqüente, sem necessidade de afastamento do cargo durante o pleito, conforme redação do artigo 14, § 5.º, da CF.

Assim, como os mandatos eletivos para os chefes do Poder Executivo correspondem ao período de quatro anos, eles poderão, em tese, ser candidatos a mais uma eleição, podendo ficar seguidamente no cargo, por oito anos. No entanto, persiste o impedimento a um terceiro mandato consecutivo, que não retira o direito do chefe do Poder Executivo eleito em duas eleições sucessivas de se candidatar ao mesmo cargo eletivo, desde que não seja essa terceira vez seguida de seus dois mandatos.

A intenção do constituinte foi evitar a perpetuidade no poder da mesma figura política. Por essa razão, o chefe do Poder Executivo que renunciar a seu segundo mandato consecutivo antes do pleito com a intenção de se candidatar ao mesmo cargo pela terceira vez seguida, assim como após o término de seu segundo mandato consecutivo, não poderá candidatar-se imediatamente ao cargo de vice, pois, na falta do chefe do Executivo, seria o vice que assumiria, o que, na prática, poderia configurar o exercício de três mandatos eletivos no mesmo cargo consecutivamente.

Já a possibilidade de o chefe do Poder Executivo candidatar-se a outro cargo está disciplinada no artigo 14, § 6.º, da CF. Nessa hipótese, o presidente da República, os governadores de Estado e do Distrito Federal e os prefeitos devem renunciar a seus respectivos mandatos até seis meses antes do pleito.

INELEGIBILIDADE POR PARENTESCO

Essa espécie de inelegibilidade está prevista no artigo 14, § 7.º, da CF, que dispõe que "são inelegíveis, no território de jurisdição do titular, o cônjuge e os parentes consangüíneos ou afins, até o segundo grau ou por adoção, do presidente da República, de governador de Estado ou Território, do Distrito Federal, de prefeito ou de quem os haja substituído dentro dos seis meses anteriores ao pleito, salvo se já titular de mandato eletivo e candidato à reeleição".

A inelegibilidade por conta do cargo que o parente ou cônjuge estiver exercendo estende-se aos níveis municipal, estadual e federal. Em regra, o cônjuge e os parentes de prefeitos não podem candidatar-se aos cargos de prefeito e vereador do mesmo Município; a inelegibilidade do cônjuge e dos parentes de governadores alcança os cargos que o Estado pode ter, como governador, senador, deputado federal, deputado estadual, prefeito e vereador de qualquer cidade pertencente ao Estado; já o cônjuge e os parentes do presidente da República não podem candidatar-se a nenhum cargo público do país. Vale ressaltar que há uma exceção: no caso de o cônjuge ou parente já ser titular de mandato eletivo e ser candidato a reeleição. A título de exemplo, a mulher de um governador poderá candidatar-se à reeleição para o cargo de deputada estadual do mesmo Estado, desde que já seja titular desse cargo eletivo, ou seja, já era deputada estadual e será candidata à reeleição.

Caso de grande repercussão nacional refere-se à possibilidade de cônjuge ou parente de chefe do Poder Executivo ser candidato à sucessão deste. Inicialmente, a norma proibitiva do artigo 14, § 7.º, da CF incide, a menos que o cônjuge ou parente dispute a eleição no lugar do chefe do Poder Executivo que poderia se candidatar à reeleição. Ora, se a finalidade da proibição de três mandatos consecutivos é evitar a perpetuação no poder e o chefe do Poder Executivo não a desrespeita concorrendo em dois mandatos eletivos ao mesmo cargo, por que seu cônjuge ou parente não poderia disputar em seu lugar a reeleição? No entanto, elegendo-se o cônjuge ou parente, ele só poderá exercer um mandato, não podendo se reeleger. O mesmo raciocínio vale para a renúncia do chefe do Poder Executivo, desde que este esteja em seu primeiro mandato.

Elegibilidade e inelegibilidade de militar

A Constituição dispõe, no artigo 14, § 8.º, que os militares alistáveis são elegíveis, mas, no artigo 142, § 3.º, V, proíbe aos militares da ativa a filiação a partido político, que é condição indispensável para elegibilidade.

Para solucionar essa situação, do registro da candidatura do militar até sua diplomação para cargo eletivo ou mesmo seu retorno às Forças Armadas, o candidato é mantido como agregado, respeitando-se, assim, a norma inserida nos incisos I e II do aludido parágrafo. Assim, se o militar contar com menos de dez anos de serviço, deverá afastar-se da atividade, mas, se estiver há mais de dez anos em serviço, será agregado pela autoridade superior e, se eleito, passará automaticamente, no ato da diplomação, para a inatividade.

Possibilidade de outros casos de inelegibilidade por lei infraconstitucional

Por fim, a Constituição Federal reserva à lei complementar estabelecer outros casos de inelegibilidade. De fato, existem duas leis nesse sentido: LC 64/90 e LC 81/94.

Em Resumo

Direitos Políticos

É uma série de direitos que permitem aos cidadãos decidirem efetivamente os rumos do Estado. Fazem parte desse conjunto de direitos:

- **Direito ao sufrágio** – É o binômio de direitos que compreende o direito de votar, como também de ser votado. O modo de se efetivar o direito de sufrágio é mediante o voto.
- **Direito de voto – capacidade eleitoral ativa** – O voto é o exercício do direito ao sufrágio, sendo obrigatório aos brasileiros com idade superior a 18 anos e inferior a 70, desde que alfabetizados. Há também proibição de alistamento eleitoral aos estrangeiros e aos conscritos, durante o período de serviço militar. Características do voto: direto, secreto, universal, igual e periódico.
- **Plebiscitos e referendos** – A soberania popular é exercida pelo sufrágio universal e pelo voto direto e secreto, assim como mediante consultas populares denominadas plebiscitos e referendos, convocados pelo Congresso Nacional ou em casos de previsão expressa da Constituição, como nos de incorporação, subdivisão ou desmembramento de Estados. A diferença entre o plebiscito e o referendo está no momento da manifestação direta do povo. Enquanto no plebiscito a consulta popular ocorre antes da discussão da matéria pelo Congresso Nacional, no referendo a matéria já foi discutida e aprovada pelos poderes, mas necessita da concordância popular para ter ou não eficácia.
- **Elegibilidade – capacidade eleitoral passiva** – São requisitos constitucionais para o exercício da capacidade eleitoral passiva:
  a) nacionalidade brasileira;
  b) pleno exercício dos direitos políticos;
  c) alistamento eleitoral;
  d) domicílio eleitoral na circunscrição;
  e) filiação partidária;
  f) idade mínima.

Preste Atenção

Para a candidatura a cargos públicos, exige-se que o cidadão tenha a idade mínima de:

- 35 anos, para os cargos de presidente, vice-presidente da República e senador;
- 30 anos, para os cargos de governador e vice-governador de Estado e do Distrito Federal;
- 21 anos, para os cargos de deputado federal, deputado estadual ou distrital, prefeito, vice-prefeito e juiz de paz;
- 18 anos, para o cargo de vereador.

13

ORGANIZAÇÃO ADMINISTRATIVA DOS ENTES FEDERATIVOS

O Brasil é uma república federativa, ou seja, a Constituição Federal de 1988 adotou a forma federativa de Estado, em que cada ente federativo conserva sua autonomia legislativa, administrativa e organizacional. Aliás, o legislador constituinte foi além da mera previsão constitucional da forma federativa, considerando essa cláusula pétrea (art. 60, § 4.º, I, CF), e assegurou, também, a intervenção federal no Estado membro que descumprir o pacto federativo (art. 34, I da CF). Dessa forma, o Brasil é formado pela união indissolúvel de seus Estados, Distrito Federal e Municípios. Ressalte-se que os Territórios não são entes federativos, pois integram a União, constituindo-se em mera descentralização desta.

União

O Estado brasileiro não se confunde com a União federal. Enquanto esta exerce a soberania pertencente ao Estado, internamente, aquele é o conjunto de todos os entes federativos que representam o país como um todo, inclusive internacionalmente.

Bens da União

Os bens da União estão elencados no artigo 20 da CF. Entre eles, vale destacar:

- **Terrestres:**
  - Solo: terras devolutas da União, terrenos da Marinha e acrescidos, sítios arqueológicos e pré-históricos, terras tradicionalmente de indígenas.
  - Subsolo: recursos minerais e cavidades naturais.

- **Hídricos:**
  - Marítimos: mar territorial, zona econômica exclusiva, plataforma continental e praias marítimas.
  - Fluviais: rios interestaduais e internacionais (limítrofes e sucessivos), terrenos marginais e praias fluviais.
  - Lacustres: lagos interestaduais e internacionais (limítrofes).
- **Insulares:** ilhas fluviais e lacustres nas zonas limítrofes com outros países; praias marítimas; ilhas oceânicas e costeiras, excluídas, destas, as que contenham a sede de Municípios, exceto aquelas áreas afetadas ao serviço público e a unidade ambiental federal e as referidas no artigo 26, II da CF (redação dada pela EC 46, de 5 de maio de 2005).

Distrito Federal

O Distrito Federal engloba Brasília, que é a capital federal (art. 18, § 1.º, CF). Não pode dividir-se em Municípios e é regido por lei orgânica (art. 32, *caput*, CF).

Ao Distrito Federal atribuem-se as competências legislativas dos Estados e dos Municípios, excetuando-se as hipóteses previstas no inciso XVII do artigo 22 da CF. Por força desse inciso, compete à União legislar sobre a organização judiciária, do Ministério Público e da Defensoria Pública do Distrito Federal, assim como dos Territórios (englobando, para estes, também a organização administrativa). Nota-se clara competência da União para organizar o Poder Judiciário do Distrito Federal, o que se torna marco diferenciador desse ente federativo com os Estados membros.

O Distrito Federal se autogoverna por meio da eleição de seu governador, vice-governador e deputados distritais. Observe-se que, como o Distrito Federal não é Município nem Estado, não existe a divisão entre prefeito e governador, cabendo a este a competência de chefe do Executivo municipal e estadual. O mesmo raciocínio vale para o Poder Legislativo, pois não há divisão entre Câmara dos Vereadores e Assembléia Legislativa, mas tão-somente Câmara Legislativa do Distrito Federal.

Estados membros

O poder constituinte derivado decorrente prevê a possibilidade de os Estados membros editarem suas Constituições, desde que respeitados os princípios e as normas da Constituição Federal. Seu governo é autônomo, detendo os próprios poderes Executivo, Legislativo e Judiciário.

O chefe do Poder Executivo é o governador do Estado. Já o Poder Legislativo é exercido pelos deputados estaduais. A regra para configuração do número de deputados estaduais é multiplicar por três o número de deputados federais do respectivo Estado. Caso o resultado dessa multiplicação ultrapasse 36, aplica-se outra equação: apura-se o número de deputados estaduais somando o número fixo 36 ao número de deputados federais do respectivo Estado e subtraindo o número fixo 12. *(Sobre o número de deputados federais por Estado, veja o tópico "Câmara dos Deputados", p. 127.)*

Sintetizando, o número de deputados estaduais é calculado da seguinte forma:

n.º de deputados estaduais = n.º de deputados federais X 3

Se esse resultado ultrapassar a quantidade de 36 deputados estaduais, o cálculo passa a ser:

n.º de deputados estaduais = 36 + n.º de deputados federais – 12

Municípios

Os Municípios têm plena autonomia, organizando-se por meio de suas leis orgânicas, votadas em dois turnos, com interstício de dez dias, e aprovadas por dois terços dos vereadores, que as promulgará. Seu governo é constituído do prefeito e vice-prefeito, como também da Câmara de Vereadores, eleitos para mandatos de quatro anos.

A eleição do prefeito é realizada no primeiro domingo de outubro do ano anterior ao término do mandato do que deva suceder. Para os Municípios com mais de 200 mil habitantes, a eleição se dá em dois turnos, o primeiro no primeiro domingo de outubro e o segundo no último domingo do mesmo mês.

O número de vereadores é proporcional à população do Município, observados os limites dispostos no artigo 29 da CF:

- mínimo de nove e máximo de 21 nos Municípios de até 1 milhão de habitantes;

- mínimo de 33 e máximo de 41 nos Municípios de mais de 1 milhão e menos de 5 milhões de habitantes;
- mínimo de 42 e máximo de 55 nos municípios com mais de 5 milhões de habitantes.

Em recente julgamento, o STF deu interpretação aritmética ao aludido artigo, dando provimento parcial ao Recurso Extraordinário 197917, interposto pelo Ministério Público de São Paulo contra dispositivo da Lei Orgânica do Município de Mira Estrela. Essa decisão fixou o entendimento de que os Municípios só têm direito a um vereador para cada 47.619 habitantes, alterando em muitos casos o número de vereadores que cada Município tinha conforme sua lei orgânica.

Nos termos do artigo 37, XI, da CF, com redação dada pela EC 41/03, o teto remuneratório nos Municípios, inclusive para os vereadores, será o subsídio do prefeito.

Em Resumo

Organização Administrativa dos Entes Federativos

O Brasil é formado pela união indissolúvel de seus Estados, Distrito Federal e Municípios. Os Territórios não são entes federativos, pois integram a União, constituindo-se em mera descentralização desta.

União

É entidade federativa autônoma em relação aos Estados membros e Municípios, constituindo pessoa jurídica de direito público interno, cabendo-lhe exercer a soberania do Estado. Não se confunde com o Estado federal, este sim pessoa jurídica de direito internacional e formado pelo conjunto de União, Estados membros, Distrito Federal e Municípios.

Distrito Federal

Engloba Brasília, que é a capital federal (art. 18, § 1.º, CF). Não pode dividir-se em Municípios, é regido por lei orgânica (art. 32, *caput*, CF) e a ele atribuem-se as competências legislativas dos Estados e dos Municípios, excetuando-se as hipóteses previstas no inciso XVII do artigo 22 da CF.

O Distrito Federal se autogoverna por meio da eleição de seu governador, vice-governador e deputados distritais. Observe-se que, como o Distrito Federal não é Município nem Estado, não existe a divisão entre prefeito e governador, cabendo a este a competência de chefe do Executivo municipal e estadual. O mesmo raciocínio vale para o Poder Legislativo, pois não há divisão entre Câmara dos Vereadores e Assembléia Legislativa, mas tão-somente Câmara Legislativa do Distrito Federal.

Estados membros

O poder constituinte derivado decorrente prevê a possibilidade de os Estados membros editarem suas Constituições, desde que respeitados os princípios e as normas da Constituição Federal. Seu governo é autônomo, detendo os próprios poderes Executivo, Legislativo e Judiciário. O chefe do Poder Executivo é o governador do Estado e o Poder Legislativo é exercido pelos deputados estaduais.

Municípios

Têm plena autonomia, organizando-se por meio de suas leis orgânicas, votadas em dois turnos, com interstício de dez dias, e aprovadas por dois terços dos vereadores, que as promulgará. Seu governo é constituído do prefeito e vice-prefeito, como também da Câmara de Vereadores, eleitos para mandatos de quatro anos.

Preste Atenção

Importante salientar que o Estado brasileiro não se confunde com a União federal. Enquanto esta exerce a soberania pertencente ao Estado, internamente, aquele é o conjunto de todos os entes federativos que representam o país como um todo, inclusive internacionalmente.

14

Competências Constitucionais

Conforme José Afonso da Silva (*op. cit.*, p. 477), competência:

> É a faculdade juridicamente atribuída a uma entidade, órgão ou agente do Poder Público para emitir decisões. Competências são as diversas modalidades de poder de que se servem os órgãos ou entidades para realizar suas funções.

A Constituição Federal adotou o princípio da predominância do interesse para identificar e repartir as competências aos entes federados. Assim, a competência será:

- da **União** quando as matérias forem de **interesse geral**;
- dos **Estados/Distrito Federal** quando as matérias forem preponderantemente de **interesse regional**;
- dos **Municípios/Distrito Federal** quando as matérias forem preponderantemente de assuntos de **interesse local**.

É bem verdade que esse sistema de predominância de interesses em um Estado moderno encontra enormes dificuldades, já que se torna cada vez mais difícil distinguir o que realmente é de predominância nacional e regional, como, por exemplo, a complexa questão da Amazônia.

Sistema de competências adotado pela Constituição Federal de 1988

As competências atribuídas pela Constituição aos entes federativos podem ser entendidas por meio do seguinte método:

- **União** – As competências são enumeradas, tanto administrativa como legislativamente (arts. 21 e 22). Exemplos: manter relações com Estados estrangeiros e participar de organizações internacionais (art. 21, I); declarar a guerra e celebrar a paz (art. 21, II); legislar sobre direito civil, comercial, penal, processual, eleitoral, agrário, marítimo, aeronáutico, espacial e do trabalho (art. 22, I).
- **Municípios** – As competências são enumeradas (art. 30). Exemplos: legislar sobre assuntos de interesse local (art. 30, I); suplementar a legislação federal e a estadual no que couber (art. 30, II); organizar e prestar, diretamente ou sob regime de concessão ou permissão, os serviços públicos de interesse local, incluído o de transporte coletivo, que tem caráter essencial (art. 30, V).
- **Estados** – As competências não são enumeradas, mas remanescentes das competências da União e dos Municípios (art. 25, § 1.º). No entanto, com essa reserva de competência, há possibilidade de delegação (no caso de competências privativas).
- **Distrito Federal** – As competências são as reservadas aos Estados e aos Municípios.

Classificação das competências

Competência administrativa

Ligada à prática de atos político-administrativos, subdivide-se em:

- **Competência exclusiva** (arts. 21 e 30, CF) – Matérias atribuídas a um único ente, sem possibilidade de delegação. A competência dos Estados é reservada ou remanescente, conforme o artigo 25, § 1.º, da CF, ou seja, é de competência administrativa dos Estados membros o que não lhes for vedado pela Constituição – no caso, as competências enumeradas da União e dos Municípios.
- **Competência comum** (art. 23, CF) – Matérias que competem a todos os entes federados, ou seja, são de competência da União, dos Estados, do Distrito Federal e dos Municípios. Exemplos: zelar pela guarda da Constituição, das leis e das instituições democráticas e conservar o patrimônio público (inciso I) e proteger o meio ambiente e combater a poluição em qualquer de suas formas (inciso VI).

Competência legislativa

Refere-se à prática de atos legislativo-normativos e é subdividida em:

- **Competência privativa** (art. 22, CF) – Matérias cuja competência para legislar é de um único ente – a União –, mas, diferentemente da competência exclusiva, permite-se a delegação da competência privativa (art. 22, parágrafo único, CF), desde que a delegação seja de um ponto específico e objeto de lei complementar aprovada pelo Congresso Nacional por maioria absoluta, atendendo à igualdade de condições a todos os Estados.
- **Competência concorrente** (art. 24, CF) – Matérias que competem à União, aos Estados e ao Distrito Federal. Nesses casos, a competência da União limita-se a estabelecer normas gerais, e a dos Estados e do Distrito Federal, a legislar sobre normas específicas. Inexistindo legislação da União sobre tais matérias, os Estados e até os Municípios poderão exercitar a competência legislativa plena, ou seja, editar normas gerais e específicas, mas, com a superveniência da norma geral da União, fica suspensa a norma geral editada pelo Estado ou Município, naquilo que lhe for contrário.
- **Competência reservada (ou remanescente) do Estado** (art. 25, § 1.º, CF) – Matérias cuja competência para legislar não são reservadas pela Constituição aos Municípios e à União. Excepcionalmente, a Constituição estabelece certas competências enumeradas aos Estados, como criação, incorporação, fusão e desmembramento de Municípios por meio de lei estadual (art. 18, § 4.º), exploração direta ou mediante concessão dos serviços locais de gás canalizado, na forma da lei (art. 25, § 2.º) e instituição, mediante lei complementar estadual, de regiões metropolitanas, aglomerados urbanos e microrregiões (art. 25, § 3.º).
- **Competência exclusiva dos Municípios** (art. 30, I, CF) – Cabe aos Municípios, com exclusividade, a competência para legislar sobre assuntos de interesse local. Nesse sentido, mais uma vez o legislador constituinte consagrou o princípio da predominância do interesse. No caso concreto, é necessário identificar o fato preponderante para dirimir eventual conflito de competência. Caso o assunto seja predominantemente de interesse local, como expedição de alvará e licença para funcionamento de comércio, horário de funcionamento de farmácias e lojas, deve ser disciplinado por lei municipal. Por se tratar de competência exclusiva, diferentemente do que ocorre com a competência privativa, não se admite delegação dessa competência.
- **Competência do Município para aprovação do plano diretor** (art. 182, CF) – O plano diretor, instrumento básico da política de desenvol-

vimento e de expansão urbana, visa a ordenar o desenvolvimento das funções sociais da cidade e garantir o bem-estar de seus habitantes. Aprovado pela Câmara Municipal, é obrigatório para cidades com mais de 20 mil habitantes. Só se forem atendidas as exigências fundamentais de ordenação da cidade expressas no plano diretor haverá o cumprimento da função social da propriedade. Para áreas inseridas no plano diretor, pode o Município, por lei específica, exigir do proprietário do solo urbano não edificado, subutilizado ou não utilizado que promova seu adequado aproveitamento, sob pena de parcelamento ou edificação compulsórios, imposto predial territorial urbano com alíquotas progressivas por cinco anos no limite de 15% e, em último caso, desapropriação com pagamento em títulos da dívida pública de emissão previamente aprovada pelo Senado Federal, com prazo de resgate de até dez anos, em parcelas anuais, iguais e sucessivas, assegurados o valor da indenização e os juros legais.

- **Competência suplementar do Município** (art. 30, II, CF) – É da competência dos Municípios suplementar a legislação federal e a estadual no que couber. Portanto, pela regra do artigo 24, que trata da competência concorrente, na falta de norma geral federal, poderá o Estado editar norma estadual geral e específica e, na falta desta, poderá o Município editar norma municipal geral e específica.
- **Competência reservada do Distrito Federal** (art. 32, § 1.º, CF) – São atribuídas ao Distrito Federal as competências legislativas reservadas aos Estados e Municípios, excetuando-se a organização judiciária, do Ministério Público e da Defensoria Pública, que é privativa da União (art. 22, XVII, CF).

Outras classificações possíveis quanto às competências

Além da clássica divisão entre competência administrativa e legislativa, existem as seguintes classificações:

a) Quanto à forma:

- **Competência expressa ou enumerada** – Ocorre quando a Constituição Federal estabelece a competência de modo explícito a determinado ente (ex.: arts. 21 e 22, CF).
- **Competência reservada ou remanescente** – Compreende as matérias não expressas ou enumeradas no rol de competências dos entes federados. É a competência que sobra a uma entidade após a enume-

ração das competências das outras (ex.: competência dos Estados – art. 25, § 1.º, CF).

- **Competência residual** – Também não se encontra no rol de competências expressas ou enumeradas pela Constituição Federal. Consiste em um eventual resíduo após a enumeração das competências de todos os entes, como ocorre com a matéria tributária, que, depois de enumerar as competências, prevê a possibilidade de um resíduo que possa surgir, sendo este de competência da União (art. 154, I, CF).
- **Competência implícita** – Não está expressa, uma vez que decorre da prática de atos ou atividades necessários ao exercício dos poderes expressos.

b) **Quanto à extensão** – Nessa classificação, o traço diferenciador das competências está na participação de uma ou mais entidades na esfera da criação da norma ou na realização material.

- **Competência exclusiva** – Atribuída a um único ente, com exclusão dos outros (art. 21, CF).
- **Competência privativa** – Atribuída a uma entidade, com possibilidade de delegação (art. 22 e parágrafo único, CF), como também de competência suplementar (art. 24, CF).
- **Competência comum** – Atribuída a todos os entes, com igualdade, tanto na esfera administrativa como na legislativa (art. 23, CF).
- **Competência concorrente** – Espécie de competência em que mais de um ente pode disciplinar a matéria, tendo a União a primazia para fixar normas gerais e normas específicas dos Estados (art. 24 e parágrafos, CF).
- **Competência suplementar** – Desdobramento da competência concorrente, com o intuito de suprir a omissão da União em editar normas gerais (art. 24 e parágrafos, CF).

c) **Quanto à origem:**

- **Originária** – Quando a competência desde o início é atribuída a determinado ente federativo.
- **Delegada** – Quando a entidade recebe sua competência por delegação daquela que a tem originariamente.
- **Quanto ao conteúdo** – Nessa classificação, a competência pode ser econômica, social, político-administrativa, financeira e tributária, e internacional.

Em Resumo

Competências Constitucionais

Competência é a faculdade juridicamente atribuída a uma entidade, órgão ou agente do Poder Público para emitir decisões.

Classificam-se em:

a) **Competência administrativa** – Ligada à prática de atos político-administrativos, subdivide-se em:
   - competência exclusiva (arts. 21 e 30, CF);
   - competência comum (art. 23, CF).

b) **Competência legislativa** – Refere-se à prática de atos legislativo-normativos e é subdividida em:
   - competência privativa (art. 22, CF);
   - competência concorrente (art. 24, CF);
   - competência reservada (ou remanescente) do Estado (art. 25, § 1.º, CF);
   - competência exclusiva do Município (art. 30, I, CF);
   - competência do Município para aprovação do plano diretor (art. 182, CF);
   - competência suplementar do Município (art. 30, II, CF);
   - competência reservada do Distrito Federal (art. 32, § 1.º, CF).

Preste Atenção

A Constituição Federal adotou o princípio da predominância do interesse para identificar e repartir as competências aos entes federados. Assim, a competência será:

- da **União** quando as matérias forem de **interesse geral**;
- dos **Estados/Distrito Federal** quando as matérias forem preponderantemente de **interesse regional**;
- dos **Municípios/Distrito Federal** quando as matérias forem preponderantemente de assuntos de **interesse local**.

15

INTERVENÇÃO

O Estado federal baseia-se no princípio da autonomia das entidades que o compõem, as quais detêm governo próprio e competências exclusivas. Excepcionalmente, porém, haverá incursão de uma entidade superior em outra, afastando-se momentaneamente a autonomia dos entes federados.

Intervenção federal

A intervenção federal nos Estados membros ocorre em situações excepcionais, taxativas e críticas, que colocam em risco a segurança do Estado, o equilíbrio federativo, as finanças e a estabilidade da ordem constitucional.

Casos de intervenção

a) **Pela defesa do país:**
- para manter a integridade nacional (art. 34, I, CF);
- para repelir invasão estrangeira (art. 34, II, CF).

b) **Pela defesa do princípio federativo:**
- para repelir invasão de uma unidade da Federação em outra (art. 34, II, CF);
- para pôr termo a grave comprometimento da ordem pública (art. 34, III, CF);
- para garantir o livre exercício de qualquer dos poderes nas unidades da Federação (art. 34, IV, CF).

c) **Pela defesa das finanças estaduais:**
- para reorganizar as finanças da unidade da Federação que:
  - suspender o pagamento da dívida fundada por mais de dois anos consecutivos, salvo motivo de força maior (art. 34, V, "a", CF);

  - deixar de entregar aos Municípios receitas tributárias fixadas na Constituição, dentro dos prazos estabelecidos em lei (art. 34, V, "b", CF).

d) Pela defesa da ordem constitucional:

- para promover a execução de lei federal, ordem ou decisão judicial (art. 34, VI, CF);
- para assegurar a observância dos seguintes princípios constitucionais – princípios constitucionais sensíveis (art. 34, VII, CF):
  - forma republicana, sistema representativo e regime democrático;
  - direitos da pessoa humana;
  - autonomia municipal;
  - prestação de contas da administração direta e indireta;
  - aplicação do mínimo exigido da receita resultante de impostos estaduais, compreendida a procedente de transferências, na manutenção e desenvolvimento do ensino e nas ações e serviços públicos de saúde (EC 29/00).

Procedimento da intervenção

A efetivação da intervenção decorre de decreto do presidente da República, que especificará a amplitude, o prazo e as condições de execução e, se couber, nomeará o interventor. Assim, há a possibilidade de a intervenção ocorrer sem a existência de um interventor, que só será previsto se o órgão do Estado que deve sofrer a intervenção for do Poder Executivo.

Esse decreto será submetido à apreciação do Congresso Nacional no prazo de 24 horas, podendo ser convocado extraordinariamente, salvo se a suspensão do ato tiver produzido seus efeitos nos casos de provimento, pelo STF, de representação do procurador-geral da República. O Congresso detém competência exclusiva para aprovar ou suspender a intervenção.

Não existe controle judicial sobre a intervenção, tendo em vista que se trata de ato político. Porém, nos casos do artigo 34, VI (no que tange à execução de lei federal) e VII, da CF, a decretação da intervenção dependerá de provimento, pelo STF, de representação do procurador-geral da República. Nesses casos, a decisão do STF vinculará o presidente da República, que formalizará a intervenção por meio de decreto.

Hipóteses de intervenção

O decreto de intervenção dependerá:

- nos casos do artigo 34, I, II, III e V, "a" e "b", da simples verificação dos motivos que a autorizam;
- no caso do artigo 34, IV, de solicitação do Poder Legislativo ou do Poder Executivo impedido ou que sofreu a coação, ou de requisição do STF, se a coação foi exercida contra o Poder Judiciário;
- no caso do artigo 34, VI (recusa à execução de lei federal), de provimento, pelo STF, de representação do procurador-geral da República. Note-se que, conforme a redação dada pela EC 45/04, o provimento, nesse caso, compete ao STF, tendo em vista a nova redação dada ao inciso III do artigo 36 e a revogação do inciso IV do mesmo artigo, que determinava a competência ao STJ;
- no caso do artigo 34, VI (desobediência a ordem ou decisão judicial), de requisição do STF, do STJ ou do TSE, conforme as regras de competência material;
- no caso do artigo 34, VII (violação dos princípios constitucionais sensíveis), de provimento, pelo STF, de representação do procurador-geral da República, o que configura ação direta de inconstitucionalidade interventiva.

  Observação

  Nos casos do artigo 34, VI e VII, o decreto de intervenção limitar-se-á a suspender a execução do ato impugnado, se essa medida for suficiente ao restabelecimento da normalidade.

Conseqüências do término da intervenção

Com o fim dos motivos da intervenção no Estado membro, as autoridades afastadas de seus cargos a eles voltarão, salvo impedimento legal, como término do mandato, renúncia, morte, suspensão e perda de direitos políticos. Nesses casos (exceto no de término de mandato, em que haverá novas eleições), os cargos serão ocupados por aqueles que a Constituição Estadual indicar como sucessor: vice-governador ou presidente da Assembléia Legislativa.

Intervenção estadual nos Municípios

Os Estados membros detêm competência para intervir nos Municípios, salvo naqueles existentes nos Territórios Federais (art. 35, CF), pois, nesse caso, a competência para a intervenção é da União.

A intervenção nos Municípios segue os mesmos preceitos da intervenção federal nos Estados, ou seja, também é medida excepcional, e com rol de hipóteses taxativo. Assim, ocorrerá intervenção estadual no Município quando (art. 35, CF):

- deixar de ser paga, sem motivo de força maior, por dois anos consecutivos, a dívida fundada;
- não forem prestadas contas devidas, na forma da lei (arts. 30, III, e 31, CF);
- não tiver sido aplicado o mínimo exigido da receita municipal na manutenção de ensino (art. 212, CF) e nas ações e serviços públicos de saúde (EC 29/00);
- o Tribunal de Justiça der provimento a representação para assegurar a observância de princípios indicados na Constituição Estadual ou para promover a execução de lei, de ordem ou de decisão judicial.

Procedimento da intervenção

Assim como na intervenção federal, por ser um ato político, a competência para decretação da intervenção do Estado no Município é exclusiva do governador do Estado, dependendo do provimento do respectivo Tribunal de Justiça do Estado, na hipótese do artigo 35, IV, CF.

Haverá, também, o controle pelo Poder Legislativo, ou seja, pela Assembléia Legislativa, que no prazo de 24 horas apreciará o decreto interventivo, ressalvado o caso de provimento pelo Tribunal de Justiça.

Em Resumo

Intervenção

Intervenção Federal nos Estados membros

Ocorre em situações excepcionais, taxativas e críticas, que colocam em risco a segurança do Estado, o equilíbrio federativo, as finanças e a estabilidade da ordem constitucional.

Haverá intervenção para:

- manter a integridade nacional (art. 34, I, CF);
- repelir invasão estrangeira ou de uma unidade da Federação em outra (art. 34, II, CF);
- pôr termo a grave comprometimento da ordem pública (art. 34, III, CF);
- garantir o livre exercício de qualquer dos poderes nas unidades da Federação (art. 34, IV, CF);
- reorganizar as finanças da unidade da Federação que:
  - suspender o pagamento da dívida fundada por mais de dois anos consecutivos, salvo motivo de força maior (art. 34, V, "a", CF);
  - deixar de entregar aos Municípios receitas tributárias fixadas na Constituição, dentro dos prazos estabelecidos em lei (art. 34, V, "b", CF);
- promover a execução de lei federal, ordem ou decisão judicial (art. 34, VI, CF);
- assegurar a observância dos seguintes princípios constitucionais – princípios constitucionais sensíveis (art. 34, VII, CF):
  - forma republicana, sistema representativo e regime democrático;
  - direitos da pessoa humana;
  - autonomia municipal;
  - prestação de contas da administração direta e indireta;
  - aplicação do mínimo exigido da receita resultante de impostos estaduais, compreendida a procedente de transferências, na manutenção e desenvolvimento do ensino e nas ações e serviços públicos de saúde (EC 29/00).

O decreto de intervenção dependerá:

- nos casos do artigo 34, I, II, III e V, "a" e "b", da simples verificação dos motivos que a autorizam;
- no caso do artigo 34, IV, de solicitação do Poder Legislativo ou do

Poder Executivo impedido ou que sofreu a coação, ou de requisição do STF, se a coação foi exercida contra o Poder Judiciário;

- no caso do artigo 34, VI (recusa à execução de lei federal), de provimento, pelo STF, de representação do procurador-geral de Justiça;
- no caso do artigo 34, VI (desobediência a ordem ou decisão judicial), de requisição do STF, do STJ ou do TSE, conforme as regras de competência material;
- no caso do artigo 34, VII (violação dos princípios constitucionais sensíveis), de provimento, pelo STF, de representação do procurador-geral da República, o que configura ação direta de inconstitucionalidade interventiva.

Preste Atenção

A intervenção baseada em recusa à execução de lei federal (art. 34, VI) dependerá de provimento, pelo STF, de representação do procurador-geral da República. Note-se que, conforme a redação dada pela EC 45/04, o provimento, nesse caso, compete ao STF, tendo em vista a nova redação dada ao inciso III do artigo 36 e a revogação do inciso IV do mesmo artigo, que determinava a competência ao STJ.

16

Separação e Organização dos Poderes

O poder do Estado é uno e indivisível. Contudo, para facilitar suas execuções e principalmente para controlar arbítrios e abusos do próprio Estado no exercício do poder, separam-se as funções deste em três poderes: Executivo, Legislativo e Judiciário. Cada poder tem funções precípuas ou típicas, sem que isso afaste a possibilidade do exercício de funções atípicas, ou seja, funções precípuas de outra esfera.

Segundo Alexandre de Moraes (*op. cit.*, p. 371):

> Não existirá, pois, um Estado Democrático de Direito sem que haja poderes de Estado independentes e harmônicos entre si, bem como previsão de direitos fundamentais e instrumentos que possibilitem a fiscalização e a perpetuidade desses requisitos. Todos estes temas são de tal modo ligados que a derrocada de um, fatalmente, acarretará a supressão dos demais, com o retorno do arbítrio e da ditadura.

Assim, pode-se dizer que a função típica do Poder Executivo é administrar, ou seja, converter a lei em atos individuais e concretos; a do Poder Legislativo, elaborar leis (legislar), como também fiscalizar por meio de Comissões Parlamentares de Inquérito (CPIs) e Tribunais de Contas; e a do Poder Judiciário, julgar, ou seja, aplicar as leis de forma coativa aos litigantes.

Embora tenham funções típicas, nada impede que uma forma de poder exerça funções atípicas, isto é, atribuídas precipuamente às outras duas. A título de exemplo, existe a possibilidade de o Poder Legislativo editar atos administrativos que precipuamente são atribuídos ao Poder Executivo. O poder não deixa de ser uno, apenas suas funções são tripartidas, com cada uma limitando o abuso e arbítrio das outras por meio do sistema de freios e contrapesos.

Nas palavras de Hely Lopes Meirelles (*Direito Administrativo brasileiro*, p. 60):

> Aliás, já se observou que Montesquieu nunca empregou em sua obra política as expressões "separação de poderes" ou "divisão de poderes", referindo-se unicamente à necessidade do "equilíbrio entre os poderes", do que resultou entre os ingleses e norte-americanos o sistema de *check and balances*, que é o nosso método de freios e contrapesos, em que um poder limita o outro.

Poder Legislativo

Assim como o Poder Executivo e o Poder Judiciário, o Poder Legislativo tem funções típicas e atípicas. As funções típicas são elaborar normas jurídicas, como também proceder à fiscalização contábil, financeira, orçamentária, operacional e patrimonial do Poder Executivo. Já as funções atípicas consistem em administrar sua organização interna e mesmo julgar processo por crime de responsabilidade do presidente da República.

No âmbito federal, o Poder Legislativo é exercido na forma bicameral, ou seja, existem duas Casas Legislativas – a Câmara dos Deputados, representando o povo, e o Senado Federal, representando os Estados membros –, que juntas são denominadas Congresso Nacional.

Congresso Nacional

Conforme a Emenda Constitucional nº 50/06, o Congresso Nacional reúne-se anualmente, na Capital Federal, de 2 de fevereiro a 17 de julho e de 1º de agosto a 22 de dezembro. Cada uma das casas reunir-se-á em sessões preparatórias, a partir de 1º de fevereiro, no primeiro ano da legislatura, para a posse de seus membros e eleição das respectivas Mesas, para mandato de dois anos, vedada a recondução para o mesmo cargo na eleição imediatamente subseqüente.

Fora deste período, são possíveis convocações extraordinárias do Congresso Nacional, que far-se-á pelo presidente do Senado Federal, em caso de decretação de estado de defesa ou de intervenção federal, de pedido de autorização para a decretação de estado de sítio e para o compromisso e a posse do presidente e do vice-presidente da República, e pelo presidente da República, pelos presidentes da Câmara dos Deputados e do

Senado Federal, ou a requerimento da maioria dos membros de ambas as casas, em caso de urgência ou interesse público relevante, em todas as hipóteses desse inciso, com a aprovação da maioria absoluta de cada uma das casas do Congresso Nacional.

Na sessão legislativa extraordinária, o Congresso Nacional somente deliberará sobre a matéria para a qual foi convocado, ressalvada a hipótese de medidas provisórias em vigor na data da convocação extraordinária, vedado o pagamento de parcela indenizatória em razão da convocação.

A direção do Congresso compete à sua Mesa, presidida pelo presidente do Senado Federal e composta pelos cargos de primeiro vice-presidente, segundo vice-presidente, primeiro secretário, segundo secretário, terceiro secretário e quarto secretário, ocupados alternadamente por membros da Câmara dos Deputados e do Senado.

O Congresso Nacional inaugura a sessão legislativa, elabora o regimento, recebe o compromisso do presidente e do vice-presidente da República, conhece do veto e sobre ele delibera. Suas competências encontram-se nos artigos 48 e 49 da CF.

CÂMARA DOS DEPUTADOS

A Câmara dos Deputados compõe-se dos representantes do povo, eleitos pelo sistema proporcional de cada Estado membro, ou seja, o número de deputados federais é proporcional ao número de eleitores de cada Estado. Essa proporção entre o número de eleitores de cada Estado e respectivos representantes na Câmara dos Deputados é atenuada pela própria Constituição, que limita em 70 o número máximo e em oito o número mínimo de deputados federais que cada Estado pode ter. Dessa forma, a proporcionalidade exata ficou prejudicada, pois Estados com número de eleitores gigantesco vêem seu número de deputados restrito, enquanto Estados de menor densidade eleitoral têm número mínimo de deputados federais garantido, acabando por distorcer o valor igualitário do voto para todos os eleitores do país.

É da competência privativa da Câmara dos Deputados (art. 51, CF):

- autorizar, por dois terços de seus membros, a instauração de processo contra o presidente e o vice-presidente da República e os ministros de Estado;
- proceder à tomada de contas do presidente da República, quando não apresentada ao Congresso Nacional dentro de 60 dias após a abertura da sessão legislativa;
- elaborar seu regimento interno;
- dispor sobre sua organização, funcionamento, polícia, criação, transforma-

ção ou extinção dos cargos, empregos, funções de seus serviços, e a iniciativa de lei para fixação da respectiva remuneração, observados os parâmetros estabelecidos na lei de diretrizes orçamentárias (conforme EC 19/98);
- eleger membros, no caso dois, do Conselho da República, órgão consultivo do presidente da República, nos termos do artigo 89, VII, da CF.

SENADO FEDERAL

O Senado Federal corresponde à Casa que representa os Estados e o Distrito Federal. Seus componentes, os senadores, são eleitos segundo o princípio majoritário por maioria simples, ou seja, o candidato vencedor será aquele que obtiver a maioria dos votos. Cada Estado e o Distrito Federal têm igualitariamente três senadores, que cumprem o mandato de oito anos. A renovação dessas vagas se dá no sistema um terço–dois terços. Assim, a cada quatro anos há eleição para duas ou quatro vagas alternativamente para cada Estado e para o Distrito Federal.

Compete privativamente ao Senado Federal (art. 52, CF):

- processar e julgar o presidente e o vice-presidente da República nos crimes de responsabilidade, bem como os ministros de Estado e os comandantes da Marinha, do Exército e da Aeronáutica nos crimes da mesma natureza conexos com aqueles;
- processar e julgar os ministros do STF, os membros do Conselho Nacional de Justiça e do Conselho Nacional do Ministério Público, o procurador-geral da República e o advogado-geral da União nos crimes de responsabilidade;
- aprovar previamente, por voto secreto, após argüição pública, a escolha de magistrados nos casos estabelecidos pela Constituição, ministros do TCU indicados pelo presidente da República, governador de Territórios, presidente e diretor do Banco Central, procurador-geral da República e titulares de outros cargos que a lei determinar;
- aprovar previamente, por voto secreto, após argüição em sessão secreta, a escolha de chefes de missão diplomática de caráter permanente;
- autorizar operações externas de natureza financeira, de interesse da União, dos Estados, do Distrito Federal, dos Territórios e dos Municípios;
- fixar, por proposta do presidente da República, limites globais para o montante da dívida consolidada da União, dos Estados, do Distrito Federal e dos Municípios;
- dispor sobre limites globais e condições para as operações de crédito externo e interno da União, dos Estados, do Distrito Federal e dos

Municípios, de suas autarquias e demais entidades controladas pelo Poder Público Federal;

- dispor sobre limites e condições para a concessão de garantia da União em operações de crédito externo e interno;
- estabelecer limites globais e condições para o montante da dívida mobiliária dos Estados, do Distrito Federal e dos Municípios;
- suspender a execução, no todo ou em parte, de lei declarada inconstitucional por decisão definitiva do STF;
- aprovar, por maioria absoluta e por voto secreto, a exoneração, de ofício, do procurador-geral da República antes do término de seu mandato;
- elaborar seu regimento interno;
- dispor sobre sua organização, funcionamento, polícia, criação, transformação ou extinção dos cargos, empregos e funções de seus serviços, e a iniciativa de lei para fixação da respectiva remuneração, observados os parâmetros estabelecidos na lei de diretrizes orçamentárias (conforme EC 19/98);
- eleger membros do Conselho da República, nos termos do artigo 89, VII, da CF;
- avaliar periodicamente a funcionalidade do Sistema Tributário Nacional, em sua estrutura e seus componentes, e o desempenho das administrações tributárias da União, dos Estados, do Distrito Federal e dos Municípios (conforme EC 42/03).

Fiscalização pelo Poder Legislativo

COMISSÕES PARLAMENTARES DE INQUÉRITO

O Poder Legislativo também tem como função típica fiscalizar os atos do Poder Executivo, conforme previsão do artigo 58, § 3.º, da CF, que autoriza a criação de Comissões Parlamentares de Inquérito (CPIs), com poderes próprios das autoridades judiciais, além de outros previstos nos regimentos das respectivas Casas. As CPIs são constituídas pela Câmara dos Deputados e pelo Senado Federal, em conjunto ou separadamente, mediante requerimento de um terço de seus membros, para apuração de fato determinado e por prazo certo, e suas conclusões, se for o caso, são encaminhadas ao Ministério Público, para que promova a responsabilidade civil ou criminal dos infratores.

Assim, para instaurar uma CPI, é necessário:

a) **Requerimento de um terço dos membros da Câmara dos**

Deputados e/ou do Senado Federal, em conjunto ou separadamente – Existem entendimentos de que o mero requerimento não criaria a CPI, dependendo de aprovação da maioria da respectiva Casa.

b) **Apuração de fato determinado** – Por conta desse requisito, o poder da CPI mostra-se limitado. Não se pode criar uma CPI sem que haja mínimo nexo causal com a gestão da coisa pública.

c) **Prazo certo** – Uma CPI não pode se tornar uma investigação eterna, porém nada impede prorrogações de prazo, desde que dentro da mesma legislatura.

Conforme a aludida previsão constitucional, as CPIs possuem os mesmos poderes instrutórios das autoridades judiciais, como: possibilidade de quebra de sigilo fiscal, bancário e de dados; oitiva de testemunhas, investigados ou indiciados; realização de perícia técnica; determinação de buscas e apreensões, desde que respeitada a inviolabilidade do domicílio.

Entretanto, as CPIs não têm competência jurisdicional, isto é, poder de julgamento. Tanto é verdade que, no máximo, suas conclusões podem ser encaminhadas ao Ministério Público para que este promova as respectivas medidas judiciais para responsabilidade civil e criminal dos infratores, as quais deverão ser julgadas por quem tem autoridade jurisdicional, ou seja, os magistrados.

Em razão dessas restrições, as CPIs não podem tomar medidas acautelatórias para assegurar sentença condenatória, pois só quem tem o poder de sentenciar é que pode adotar tais medidas. Assim, é vedado às CPIs:

- decretar prisões, salvo prisão em flagrante delito, que qualquer indivíduo do povo pode realizar;
- determinar medidas cautelares, como indisponibilidade de bens, arrestos e seqüestros;
- promover atos de reserva jurisdicional, como interceptação telefônica e violação de domicílio durante o dia, salvo se houver ordem judicial.

Os eventuais descumprimentos desses limites configuram verdadeiros abusos, devendo ser controlados pelo Poder Judiciário por meio das garantias constitucionais.

TRIBUNAL DE CONTAS DA UNIÃO

O TCU é órgão autônomo e auxiliar do Poder Legislativo, com o objetivo de fiscalizar os atos dos poderes, especialmente do Executivo. Com sede no Distrito Federal, é formado por nove ministros com os mesmos requisitos (ter mais de 35 anos de idade e menos de 75, idoneidade moral e reputação ilibada, assim como notórios conhecimentos jurídicos, contábeis, econômicos e financeiros ou de administração pública, com experiência mínima, nesses casos, de dez anos), prerrogativas, garantias e vencimentos dos ministros do STJ. Os membros do TCU são escolhidos pelo presidente da República (um terço dos ministros) e pelo Congresso Nacional (dois terços).

Entre as funções do TCU estão (art. 71, CF):

- apreciação de contas prestadas anualmente pelo presidente da República, mediante parecer prévio, que deverá ser elaborado em 60 dias, a contar de seu recebimento;
- julgamento das contas da administração direta e indireta, incluindo os poderes Legislativo, Executivo e Judiciário, como também as contas daqueles que resultarem em prejuízo ao erário por causa de perda, extravio ou qualquer outra irregularidade;
- aplicação das sanções legais aos responsáveis pelas ilegalidades e irregularidades.

TRIBUNAIS DE CONTAS ESTADUAIS, DISTRITAL E MUNICIPAIS

A Constituição faz referência a outros Tribunais de Contas, como, por exemplo, no artigo 31, que dispõe que a fiscalização do Município será exercida pelo Poder Legislativo Municipal, com o auxílio do Tribunal de Contas do Estado ou, onde houver, do Tribunal de Contas do Município, os quais foram recepcionados pela Constituição de 1988, embora esta vede a criação de novos Tribunais de Contas. Apesar de o parecer do Tribunal de Contas sobre as contas anuais dos prefeitos não ser de caráter vinculado ao Poder Legislativo, pois a este caberá o julgamento das contas do Poder Executivo (art. 49, IX, CF), só não prevalecerá por decisão de dois terços dos membros da Câmara Municipal.

Imunidades parlamentares

Por exercerem uma das funções dos poderes, os parlamentares necessitam de certos atributos e prerrogativas que os protejam de ingerências e pressões durante o exercício de seu mandato.

IMUNIDADE MATERIAL

Conforme o artigo 53, *caput*, da CF, "os deputados e senadores são invioláveis, civil e penalmente, por quaisquer de suas opiniões, palavras e votos". Portanto, estão imunes à tipificação de suas condutas como crimes de opinião ou contra a honra, como também o são por eventual responsabilização por perdas ou danos, desde que essas opiniões, palavras e votos ocorram no exercício de seu ofício parlamentar, pouco importando o âmbito de tal atuação, desde que, repita-se, guarde perfeita consonância com suas funções parlamentares.

IMUNIDADE FORMAL

Segundo Alexandre de Moraes (*op. cit.*, p. 403), imunidade formal é:

> O instituto que garante ao parlamentar a impossibilidade de ser ou permanecer preso ou, ainda, a possibilidade de sustação do andamento da ação penal por crimes praticados após a diplomação.

Por conta dessa imunidade, o parlamentar não poderá ser preso civil (caso de não pagamento de pensão alimentícia e depositário infiel) ou criminalmente, exceto por crime inafiançável, em flagrante delito. Nesse caso, a manutenção da prisão dependerá de autorização da respectiva Casa a que foi eleito, para formação da culpa, pelo voto ostensivo e nominal da maioria de seus membros.

A abrangência de tal proibição é grande, incluindo prisões cautelares (temporária e preventiva) e definitivas. Mesmo a prisão por força de sentença condenatória transitada em julgado não pode ser decretada, embora o STF já tenha se pronunciado positivamente a esse tipo de prisão para parlamentares.

Quanto à possibilidade de responsabilidade penal dos parlamentares, a EC 35/01 a alterou consideravelmente, pois desde sua edição não há mais a necessidade de autorização da Casa Legislativa a que pertence o acusado para que se inicie o processo crime contra este. No entanto, pode a respectiva Casa, por iniciativa de partido político que nela tenha representação e por maioria absoluta de seus membros, sustar a qualquer momento antes da decisão final do processo o andamento da ação penal por crime praticado pelo parlamentar após sua diplomação, uma vez que no caso de crime cometido por parlamentar antes de sua diplomação não há a referida imunidade. Aprovada a suspensão, esta durará enquanto durar o mandato, suspendendo também o prazo prescricional apenas para o parlamentar, isto é, se existir concurso de agentes, o processo será desmembrado, enviando-se os autos ao STF, que é o foro dos congressistas por prerrogativa de suas funções, enquanto durarem seus mandatos.

Vencimentos dos parlamentares

Os vencimentos dos deputados e senadores são fixados pelo Congresso Nacional (art. 49, VII, CF), não podendo exceder o subsídio mensal dos ministros do STF.

Vedações aos parlamentares

Embora detenham certas prerrogativas inerentes ao próprio cargo que ocupam, os parlamentares têm certas vedações. Assim, não poderão (art. 54, CF):

- **Desde a expedição do diploma:**
  - fixar ou manter contrato com administração pública direta ou indireta, bem como com concessionárias de serviço público, salvo contrato com cláusulas uniformes;
  - aceitar ou exercer cargo, função ou emprego remunerado nas entidades citadas acima.
- **Desde a posse:**
  - ser proprietários, controladores ou diretores de empresa que tenha favor decorrente de contrato com pessoa jurídica de direito público ou nela exercer função remunerada;
  - ocupar cargos demissíveis *ad nutum* em entidades da administração pública direta ou indireta ou em concessionárias de serviço público, bem como patrociná-las;
  - ser titulares de mais de um cargo ou mandato público eletivo.

Perda de mandato

O parlamentar perderá o mandato por (art. 55, CF):

- infringência das proibições já citadas;
- incompatibilidade de seu procedimento com o decoro parlamentar (abuso de suas prerrogativas, recebimento de vantagem indevida, etc.);
- ausência à terça parte das sessões ordinárias na mesma sessão legislativa (um ano), salvo licença ou missão autorizada;
- perda ou suspensão de seus direitos políticos;
- decretação da perda pela Justiça Eleitoral;
- condenação criminal transitada com sentença em julgado.

Poder Executivo

Previsto no artigo 76 da CF, é exercido pelo presidente da República, com o auxílio dos ministros de Estado. A função típica do Poder Executivo é administrar, exercer a chefia de Estado e a chefia de governo, e as funções atípicas, julgar, como no contencioso administrativo, e mesmo legislar em caso de situações relevantes e urgentes, por medidas provisórias.

O presidente da República é eleito pelo sistema majoritário por maioria absoluta. Na vacância do cargo, assume o vice-presidente da República, que é eleito juntamente com o presidente, e, sucessivamente, o presidente da Câmara dos Deputados, o presidente do Senado Federal e o presidente do STF. No entanto, no caso de vacância definitiva do cargo de presidente da República, somente o vice-presidente poderá assumir. Vagando os cargos de presidente e vice-presidente da República nos dois primeiros anos do mandato eletivo, será realizada eleição direta 90 dias depois de aberta a última vaga. Caso a vacância se dê durante os dois últimos anos do mandato presidencial, far-se-á eleição, em 30 dias depois de aberta a última vaga, pelo Congresso.

Entre as atribuições do presidente da República dispostas no artigo 84 da CF, destacam-se:

- exercer, com o auxílio dos ministros, a direção superior da administração federal;
- ser o comandante supremo das Forças Armadas;
- exercer o poder regulamentar, expedindo decretos e regulamentos para a fiel execução da lei.

Note-se que, nesse último caso, o poder regulamentar do Poder Executivo limita-se à fiel execução da lei, ou seja, não pode o Poder Executivo, sob o pretexto de regulamentar ou explicitar uma lei, exorbitar dos limites impostos pela própria lei; caso contrário, poderá o Congresso Nacional sustar o ato do presidente da República que ultrapasse seu poder regulamentar ou delegação legislativa (art. 49, V, CF).

Vice-presidente da República

Substitui e sucede o presidente quando necessário, participa dos Conselhos da República e de Defesa Nacional, que são órgãos consultivos do presidente, e auxilia o presidente sempre que convocado.

Cargos e órgãos auxiliares do presidente da República

MINISTÉRIOS

Os ministros de Estado são auxiliares do presidente da República, que pode livremente nomeá-los e exonerá-los. Os requisitos para ocupar o cargo de ministro são:

- ser escolhido pelo presidente da República;
- ser brasileiro ou português equiparado (exceto cargo de ministro da Defesa, que é privativo de brasileiro nato);
- ter mais de 21 anos;
- estar em pleno exercício de seus direitos políticos.

CONSELHO DA REPÚBLICA

Órgão consultivo do presidente da República, é formado pelo vice-presidente da República, presidente da Câmara dos Deputados, presidente do Senado Federal, líderes da maioria e minoria da Câmara dos Deputados e do Senado Federal, ministro da Justiça e seis cidadãos brasileiros natos, com mais de 35 anos, sendo dois nomeados pelo presidente da República, dois eleitos pela Câmara dos Deputados e dois eleitos pelo Senado Federal.

Compete ao Conselho da República pronunciar-se em situações de graves crises constitucionais democráticas, como nos casos de estado de defesa, estado de sítio e intervenção federal (art. 90, CF), sempre atuando como órgão consultivo do presidente da República.

CONSELHO DE DEFESA NACIONAL

É composto pelo vice-presidente da República, presidente da Câmara dos Deputados, presidente do Senado Federal, ministro da Justiça, ministro da Defesa, comandantes da Marinha, do Exército e da Aeronáutica, ministro das Relações Exteriores e ministro do Planejamento.

Compete ao Conselho de Defesa Nacional (art. 91, CF):

- opinar nos casos de declaração de guerra e de celebração de paz;
- pronunciar-se em situações de graves crises constitucionais democráticas, como nos casos de estado de defesa, estado de sítio e intervenção federal;
- propor os critérios e condições de utilização de áreas indispensáveis à segurança do território nacional e opinar sobre seu efetivo uso, especialmente na faixa de fronteira e nas relacionadas com a preservação e a exploração dos recursos naturais de qualquer tipo;
- estudar, propor e acompanhar o desenvolvimento de iniciativas necessárias a garantir a independência nacional e a defesa do Estado democrático.

Prerrogativas e imunidades presidenciais

Assim como os parlamentares, o presidente da República possui prerrogativas e imunidades que visam a protegê-lo de ingerências e pressões durante o exercício de seu mandato.

Por força dessas prerrogativas e imunidades, o presidente da República não poderá ser preso por infrações penais comuns enquanto não sobrevier sentença condenatória, como também, para autorizar o início de um processo contra ele, por qualquer tipo de crime, haverá necessidade da concordância de dois terços dos membros da Câmara dos Deputados, constituindo-se em um verdadeiro exame de admissibilidade. Após essa admissão, somente o STF poderá julgar o presidente da República por crime comum, pois este tem foro por prerrogativa de função, nos termos do artigo 102, I, "b", da CF; em caso de crime de responsabilidade, a competência para o julgamento é do Senado Federal, de acordo com o artigo 52, I, da CF.

Crimes de responsabilidade - *impeachment*

Segundo Alexandre de Moraes (*op. cit.*, p. 434-5), em análise do artigo 85 da CF, crimes de responsabilidade são:

> Infrações político-administrativas definidas na legislação federal, cometidas no desempenho da função, que atentam contra a existência da União, o livre exercício dos poderes do Estado, a segurança interna do país, a probidade da Administração, a lei orçamentária, o exercício dos direitos políticos, individuais e sociais e o cumprimento das leis e das decisões judiciais.

Esse rol é meramente exemplificativo, pois toda conduta do presidente, no exercício de suas funções, que fira os ditames constitucionais, se previsto em lei (Lei 1.079/50), acarretará a tipificação de crime de responsabilidade.

PROCEDIMENTO

O processo de crime de responsabilidade inicia-se na Câmara dos Deputados, que recebe a acusação de qualquer cidadão e faz o juízo de admissibilidade do processo, ou seja, declara a procedência da acusação, no caso da concordância de dois terços de seus membros, ou não. Aceita a acusação, o processo é encaminhado ao Senado Federal, que está vinculado a instaurá-lo por força da decisão da Câmara dos Deputados. O presidente da República fica suspenso de suas funções pelo prazo máximo de 180 dias.

Na sessão plenária de julgamento perante o Senado Federal, presidida pelo presidente do STF, após relatório da denúncia e das provas colhidas e apresentadas pela defesa e acusação, ocorre a votação nominal dos senadores, que, por dois terços de seus membros, podem condenar o presidente da República.

PENALIDADES

Condenado pelo Senado Federal, decisão esta que não pode ser alterada pelo Poder Judiciário, segundo o STF, o presidente da República perde definitivamente o cargo, como também é declarado inabilitado para o exercício, por oito anos, de funções públicas, sem prejuízo das demais sanções judiciais cabíveis.

Crimes comuns praticados pelo presidente da República

Nos crimes comuns, o presidente da República é julgado pelo STF, após a procedência da acusação declarada pela Câmara dos Deputados. Note-se que tais crimes são cometidos na vigência do mandato e intimamente ligados a este; fora dessas hipóteses, há a irresponsabilidade penal relativa do presidente da República.

Imunidade dos governadores

No caso dos governadores, existe apenas a imunidade formal, ou seja, podem ser processados e julgados por qualquer tipo de crime após autorização da respectiva Assembléia Legislativa. O STF declarou inconstitucionais os artigos das Constituições estaduais que estendiam a impossibilidade de prisão e a irresponsabilidade penal relativa aos governadores, por entender que a competência legislativa para esses casos é da União.

Poder Judiciário

O Poder Judiciário é autônomo e independente dos demais, constituindo-se no guardião da Constituição e das leis. Por essa razão, seus membros possuem garantias contra pressões e abusos de quem quer que seja, dentre elas a vitaliciedade, a inamovibilidade e a irredutibilidade de vencimentos.

A função típica do Poder Judiciário é julgar, ou seja, aplicar a lei no caso concreto, por meio de um devido processo legal que, ao final, produzirá efeitos definitivos, ou seja, coisa julgada. Entre suas funções atípicas estão legislar seu regimento interno e, também, a competência e funcionamento de seus órgãos. Compete ainda ao Poder Judiciário exercer funções administrativas, como provimentos de cargos.

Garantias institucionais do Poder Judiciário

Em nome da independência do Poder Judiciário, este detém garantias próprias da instituição; caso essas garantias sejam desrespeitadas pelo presidente da República, ele responderá por crime de responsabilidade. Nessas garantias existe a autonomia funcional, administrativa e financeira do Poder Judiciário (art. 95, CF), que determina que os tribunais se autoadministram e elaboram suas propostas orçamentárias, dentro dos limites dispostos na lei de diretrizes orçamentárias; caso contrário, o Poder Executivo estabelecerá a proposta como sendo idêntica à vigente, como também poderá ajustá-la para adequar-se aos limites legais.

A EC 45/04 reforçou essa autonomia ao determinar que as custas e emolumentos se destinam, exclusivamente, aos serviços e atividades específicos da Justiça. Tal autonomia também é percebida no artigo 96 da CF, que estabelece a competência privativa dos tribunais para:

- eleger seus órgãos diretivos e elaborar seus regimentos internos;
- organizar suas secretarias e serviços auxiliares e os dos juízos que lhes forem vinculados, velando pelo exercício da atividade correicional;
- prover, na forma prevista na Constituição, os cargos de juiz de carreira da respectiva jurisdição;
- propor a criação de novas varas judiciárias;
- prover, por concurso de provas, ou de provas e títulos, os cargos necessários à administração da justiça, exceto os de confiança definidos em lei;
- conceder licença, férias e outros afastamentos a seus membros e aos juízes e servidores que lhes forem imediatamente vinculados.

Garantias aos membros do Poder Judiciário

- **Vitaliciedade** – O cargo do magistrado é vitalício, o que significa que o juiz somente perderá seu cargo por decisão judicial transitada em julgado, dando-lhe segurança e garantia contra ingerência em suas decisões. A vitaliciedade é adquirida após estágio probatório de dois anos e efetivo exercício da carreira, mediante aprovação no concurso de provas e títulos. Caso o magistrado ingresse em um Tribunal Superior, em que não há concurso público, ou mesmo em um Tribunal Estadual, por meio do quinto constitucional, adquirirá a vitaliciedade no momento da posse. Uma exceção à vitaliciedade está disposta no artigo 52, II, da CF, que confere ao Senado Federal processar e julgar os ministros do STF nos casos de crime de responsabilidade.
- **Inamovibilidade** – Essa garantia proíbe a remoção ou promoção do juiz por outra autoridade ou de ofício, ou seja, a não ser por sua própria iniciativa, o juiz não pode ser removido ou promovido, afastando-se mais uma vez pressões externas nas decisões judiciais. Existem exceções a essa garantia, como as dispostas nos artigos 93, VIII, 95, II, e 103-B, § 4.º, III, da CF, sempre pelo voto da maioria absoluta do respectivo tribunal ou do Conselho Nacional de Justiça e por motivo de interesse público, que se sobrepõe à inamovibilidade, assegurada a ampla defesa.
- **Irredutibilidade de subsídio** – O subsídio, ou seja, a parcela pecuniária referente ao pagamento dos magistrados, não pode ser reduzido, como forma de pressionar os juízes, garantindo o livre exercício de

suas atividades públicas. Essa irredutibilidade é nominal e não real, ou seja, a remuneração pode sofrer perdas inflacionárias sem se discutir acerca da violação dessa garantia.

Garantias referentes à imparcialidade

Para garantir a imparcialidade e cessar possíveis ingerências em suas decisões, os membros da magistratura, como visto, têm prerrogativas, mas, pelos mesmos motivos, devem se sujeitar às vedações expressas no texto constitucional, entre as quais destacam-se:

- exercer, ainda que em disponibilidade, outro cargo ou função, salvo uma de magistério;
- receber, a qualquer título ou pretexto, custas ou participação em processo, auxílio ou contribuições de pessoas físicas, entidades públicas ou privadas, ressalvadas exceções previstas em lei;
- dedicar-se a atividade político-partidária;
- exercer a advocacia no juízo ou tribunal do qual se afastou, antes de decorridos três anos do afastamento do cargo por aposentadoria ou exoneração – é a denominada **quarentena**, instituída pela EC 45/04, que objetiva acabar com eventual tráfico de influência.

Conselho Nacional de Justiça

A EC 45/04 criou o Conselho Nacional de Justiça (art. 103-B, CF), órgão pertencente ao Poder Judiciário, com sede na capital federal, que, porém, jamais exercerá funções jurisdicionais, ou seja, não intervirá na atividade puramente jurisdicional dos magistrados, mas somente controlará a atuação administrativa e financeira do Poder Judiciário e o cumprimento dos deveres funcionais dos juízes.

O Conselho Nacional de Justiça é formado por 15 membros, com mais de 35 e menos de 66 anos de idade, nomeados pelo presidente da República, depois de aprovada a escolha pela maioria absoluta do Senado Federal. O mandato dos membros do Conselho será de dois anos, admitida uma recondução. Os requisitos e as indicações para compor o Conselho Nacional de Justiça são:

- um ministro do STF, indicado pelo respectivo tribunal;
- um ministro do STJ, indicado pelo respectivo tribunal;
- um ministro do Tribunal Superior do Trabalho (TST), indicado pelo respectivo tribunal;
- um desembargador do Tribunal de Justiça, indicado pelo STF;

- um juiz estadual, indicado pelo STF;
- um juiz do Tribunal Regional Federal, indicado pelo STJ;
- um juiz federal, indicado pelo STJ;
- um juiz do Tribunal Regional do Trabalho, indicado pelo TST;
- um membro do Ministério Público da União, indicado pelo procurador-geral da República;
- um membro do Ministério Público estadual, escolhido pelo procurador-geral da República dentre os nomes indicados pelo órgão competente de cada instituição estadual;
- dois advogados, indicados pelo Conselho Federal da Ordem dos Advogados do Brasil;
- dois cidadãos, de notável saber jurídico e reputação ilibada, indicados um pela Câmara dos Deputados e outro pelo Senado Federal.

Note-se que nove dos 15 componentes do Conselho Nacional de Justiça fazem parte do Poder Judiciário e são escolhidos por tribunais superiores e pelo STF.

O Conselho será presidido pelo ministro do STF, que deverá votar em caso de desempate, ficando excluído da distribuição de processos naquele tribunal. Já o ministro do STJ exercerá a função de ministro-corregedor, competindo-lhe:

- receber as reclamações e denúncias de qualquer interessado, relativas aos magistrados e aos serviços judiciários;
- requisitar e designar magistrados, delegando-lhes atribuições, e requisitar servidores de juízos ou tribunais, inclusive nos Estados, Distrito Federal e Territórios.

CONSELHO NACIONAL DE JUSTIÇA E CONTROLE EXTERNO DO PODER JUDICIÁRIO

Muito se discutiu acerca da criação do Conselho Nacional de Justiça e seu caráter de constitucionalidade. Os contrários a sua criação baseavam suas alegações no fato de que um controle externo do Poder Judiciário violaria a independência do Poder Judiciário e a própria separação dos poderes. No entanto, a tese vencedora, acatada pelo STF, defende sua constitucionalidade. Até porque existe a possibilidade de impugnações às decisões tomadas pelo Conselho Nacional de Justiça pelo STF, conforme previsão do artigo 102, I, "r", da CF, o que torna o STF não apenas o órgão máximo do Poder Judiciário, no que tange à atividade jurisdicional, mas também órgão de cúpula administrativa, financeira e disciplinar do referido poder.

Nas palavras de Alexandre de Moraes (*op. cit.*, p. 473-4):

> Não se trata, portanto, de um verdadeiro controle externo ao Poder Judiciário, nem tampouco de última instância controladora da magistratura nacional, uma vez que sempre haverá a possibilidade de impugnação das decisões tomadas pelo Conselho Nacional de Justiça [...] três importantes pontos caracterizadores do Conselho Nacional de Justiça afastam a possibilidade de declaração de sua inconstitucionalidade, por interferência na separação de poderes (CF, art. 60, § 4.º, III): ser órgão integrante do Poder Judiciário, sua composição apresentar maioria absoluta de membros do Poder Judiciário e possibilidade de controle de suas decisões pelo órgão de cúpula do Poder Judiciário (STF).

ATRIBUIÇÕES DO CONSELHO NACIONAL DE JUSTIÇA

A Constituição Federal, com a nova redação dada pela EC 45/05, atribui ao Conselho Nacional de Justiça um rol de competências não exaustivo, além de outras acrescidas pelo Estatuto da Magistratura. São elas (art. 103-B, § 4.º, CF):

- zelar pela autonomia do Poder Judiciário e pelo cumprimento do Estatuto da Magistratura, podendo expedir atos regulamentares, no âmbito de sua competência, ou recomendar providências;
- zelar pela observância do artigo 37 e apreciar, de ofício ou mediante provocação, a legalidade dos atos administrativos praticados por membros ou órgãos do Poder Judiciário, podendo desconstituí-los, revê-los ou fixar prazo para que se adotem as providências necessárias ao exato cumprimento da lei, sem prejuízo da competência do TCU;
- receber e conhecer das reclamações contra membros ou órgãos do Poder Judiciário, inclusive contra seus serviços auxiliares, serventias e órgãos prestadores de serviços notariais e de registro que atuem por delegação do Poder Público ou oficializados, sem prejuízo da competência disciplinar e correicional dos tribunais, podendo avocar processos disciplinares em cursos e determinar a remoção, a disponibilidade ou a aposentadoria com subsídios ou proventos proporcionais ao tempo de serviço e aplicar outras sanções administrativas, assegurada ampla defesa;
- representar ao Ministério Público, no caso de crime contra a administração pública ou de abuso de autoridade;
- rever, de ofício ou mediante provocação, os processos disciplinares de juízes e membros de tribunais julgados há menos de um ano;
- elaborar semestralmente relatório estatístico sobre processos e senten-

ças prolatadas, por unidade da Federação, nos diferentes órgãos do Poder Judiciário;

- elaborar relatório anual, propondo as providências que julgar necessárias, sobre a situação do Poder Judiciário no país e as atividades do Conselho, o qual deve integrar mensagem do presidente do STF a ser remetida ao Congresso Nacional, por ocasião da abertura da sessão legislativa.

A União criará, inclusive no Distrito Federal e nos Territórios, ouvidorias de Justiça competentes para receber reclamações e denúncias de qualquer interessado contra membros ou órgãos do Poder Judiciário ou contra seus serviços auxiliares, representando diretamente ao Conselho Nacional de Justiça.

Observe-se que o Conselho detém atribuições tanto disciplinares como de controle financeiro e administrativo, atendo-se somente à legalidade sem adentrar a discricionariedade dos atos dos magistrados.

Organização do Poder Judiciário

A organização do Poder Judiciário é restrita a lei complementar de iniciativa do STF, observados os princípios dispostos no artigo 93 da CF:

I – Ingresso na carreira, cujo cargo inicial será de juiz substituto, mediante concurso público de provas e títulos, com a participação da Ordem dos Advogados do Brasil em todas as fases, exigindo-se do bacharel em Direito, no mínimo, três anos de atividade jurídica e obedecendo-se, nas nomeações, à ordem de classificação. (Observe-se que a exigência expressa de três anos, no mínimo, de atividade jurídica ingressou no ordenamento jurídico com a reforma do Poder Judiciário – EC 45/04.)

II – Promoção de entrância para entrância, alternativamente, por antiguidade e merecimento, atendidas as seguintes normas:

a) é obrigatória a promoção do juiz que figure por três vezes consecutivas ou cinco alternadas na lista de merecimento;

b) a promoção por merecimento pressupõe dois anos de exercício na respectiva entrância e integrar o juiz à primeira quinta parte da lista de antiguidade desta, salvo se não houver com tais requisitos quem aceite o lugar vago;

c) a aferição do merecimento será feita conforme o desempenho e pelos critérios objetivos de produtividade e presteza no exercício da jurisdição, assim como pela freqüência e aproveitamento em cursos oficiais ou reconhecidos de aperfeiçoamento;

d) na apuração de antiguidade, o tribunal somente poderá recusar o juiz mais antigo pelo voto fundamentado de dois terços de seus membros, conforme procedimento próprio, e assegurada ampla defesa, repetindo-se a votação até fixar-se a indicação;

e) não será promovido o juiz que, injustificadamente, retiver autos em seu poder além do prazo legal, não podendo devolvê-los ao cartório sem o devido despacho ou decisão.

III – O acesso aos tribunais de segundo grau far-se-á por antiguidade e merecimento, alternadamente, apurados na última ou única entrância.

IV – Previsão de cursos oficiais de preparação, aperfeiçoamento e promoção de magistrados, constituindo etapa obrigatória do processo de vitaliciamento a participação em curso oficial ou reconhecido por escola nacional de formação e aperfeiçoamento de magistrados.

V – O subsídio dos ministros dos tribunais superiores corresponderá a 95% do subsídio mensal fixado para os ministros do STF, e os subsídios dos demais, conforme as respectivas categorias da estrutura judiciária nacional, não podendo a diferença entre uma e outra ser superior a 10% ou inferior a 5% nem exceder a 95% do subsídio mensal dos ministros dos tribunais superiores, obedecido, em qualquer caso, o disposto nos artigos 37, XI, e 39, § 4.º, da CF.

VI – A aposentadoria dos magistrados e a pensão de seus dependentes observarão o disposto no artigo 40 da CF.

VII – O juiz titular residirá na respectiva comarca, salvo autorização do tribunal.

VIII – O ato de remoção, disponibilidade e aposentadoria do magistrado, por interesse público, fundar-se-á em decisão por voto da maioria absoluta do respectivo tribunal ou do Conselho Nacional de Justiça, assegurada ampla defesa.

VIII-A – A remoção a pedido ou a permuta de magistrados de comarca de igual entrância atenderá, no que couber, ao disposto nas alíneas “a”, “b”, “c” e “e” do inciso II.

IX – Todos os julgamentos dos órgãos do Poder Judiciário serão públicos, e fundamentadas todas as decisões, sob pena de nulidade, podendo a lei limitar a presença, em determinados atos, às próprias partes e a seus advogados, ou somente a estes, em casos nos quais a preservação do direito à intimidade do interessado no sigilo não prejudique o interesse público à informação.

X – As decisões administrativas dos tribunais serão motivadas e em sessão pública, sendo as disciplinares tomadas pelo voto da maioria absoluta de seus membros.

XI – Nos tribunais com número superior a 25 julgadores, poderá ser constituído órgão especial, com o mínimo de 11 e o máximo de 25 membros, para o exercício das atribuições administrativas e jurisdicionais delegadas da competência do tribunal pleno, provendo-se metade das vagas por antiguidade e a outra metade por eleição pelo tribunal pleno.

XII – A atividade jurisdicional será ininterrupta, sendo vedadas férias coletivas nos juízos e tribunais de segundo grau, funcionando, nos dias em que não houver expediente forense normal, juízes em plantão permanente (assim, com a reforma do Poder Judiciário, foram abolidas as

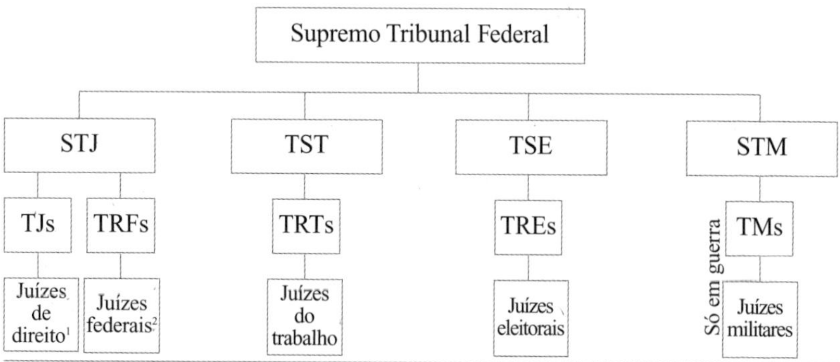

férias forenses).

XIII – O número de juízes na unidade jurisdicional será proporcional à efetiva demanda judicial e à respectiva população.

XIV – Os servidores receberão delegação para a prática de atos de administração e atos de mero expediente sem caráter decisório.

XV – A distribuição de processos será imediata, em todos os graus de jurisdição.

Estrutura do Poder Judiciário

STJ – Superior Tribunal de Justiça; TST – Tribunal Superior do Trabalho; TSE – Tribunal Superior Eleitoral; STM – Superior Tribunal Militar; TJs – Tribunais de Justiça; TRFs – Tribunais Regionais Federais; TRTs – Tribunais Regionais do Trabalho; TREs – Tribunais Regionais Eleitorais; TM – Tribunal Militar (formado em tempo de guerra).

1. Incluindo tribunais do júri, juizados especiais e conselhos de Justiça.

2. Incluindo tribunais do júri e juizados especiais federais.

Competência e critérios de escolha dos membros dos tribunais superiores

SUPREMO TRIBUNAL FEDERAL

O STF é o tribunal de maior importância na organização do Poder Judiciário no Brasil. Compõe-se de 11 ministros, divididos em duas turmas, cada uma composta por cinco membros, sendo que o presidente do STF apenas participa das sessões plenárias.

Nomeados pelo presidente da República, esses ministros detêm todas as prerrogativas dos membros da magistratura e devem preencher os seguintes requisitos:

- ter idade entre 35 e 65 anos;
- ser brasileiro nato;
- ser cidadão;
- ter ilibada reputação e notório saber jurídico.

Note-se que não existe nenhuma exigência quanto ao nomeado pelo presidente da República ao cargo de ministro do STF ser bacharel em Direito, bastando ter notável saber jurídico.

Depois de nomeados pelo presidente da República, os ministros do STF não serão automaticamente empossados, pois obrigatoriamente serão sabatinados pelo Senado Federal, devendo sua nomeação ser aprovada pela maioria absoluta dos membros dessa Casa Legislativa.

Competência do STF

A competência do STF é delineada pelos artigos 102 e 103 da CF, que sofreram alterações com a reforma do Poder Judiciário (EC 45/04).

Por força dos referidos artigos, o STF é um tribunal constitucional, e a ele compete a guarda da Constituição, cabendo-lhe processar e julgar as ações diretas de inconstitucionalidade, em suas mais diferentes formas, e as ações declaratórias de constitucionalidade. Portanto, é de sua competência a realização do controle de constitucionalidade concentrado.

Ao STF cabe também processar e julgar originariamente quando forem ameaçados ou efetivamente violados os direitos fundamentais das maiores autoridades públicas, assim como quando essas próprias autoridades são as responsáveis pelas violações aos direitos fundamentais dos cidadãos.

Assim, compete ao STF processar e julgar, entre outros:

- o *habeas corpus*, sendo paciente o presidente da República, o vice-presidente, membros do Congresso Nacional, ministros do STF, o procurador-geral da República, ministros de Estado, membros dos tribunais superiores, ministros do TCU e chefes de missão diplomática de caráter permanente;

- o mandado de segurança e o *habeas data* contra atos do presidente da República, das Mesas da Câmara e do Senado, do TCU, do procurador-geral da República e de seus próprios ministros;
- o *habeas corpus*, quando o coator for Tribunal Superior, quando o coator ou o paciente for autoridade ou funcionário que esteja sob a jurisdição do STF ou quando se tratar de crime sujeito à mesma jurisdição em uma única instância;
- o mandado de injunção, quando a elaboração da norma regulamentadora é de competência do presidente da República, do Congresso Nacional, da Câmara dos Deputados, do Senado Federal, da Mesa de uma das Casas do Congresso, do TCU, de um dos tribunais superiores ou do próprio STF;
- nas infrações penais comuns, o presidente da República, o vice-presidente, membros do Congresso Nacional, ministros do próprio STF e o procurador-geral da República;
- nas infrações penais comuns e nos crimes de responsabilidade, ministros de Estado, comandantes da Marinha, do Exército e da Aeronáutica (salvo conexão de crimes com o presidente da República, cuja competência é do Senado Federal – art. 52, I, CF), membros dos tribunais superiores, membros do TCU e chefes de missão diplomática de caráter permanente. Vale observar que, nesses casos, as autoridades processadas perante o STF perdem esse foro por prerrogativa de função na medida em que seus mandatos terminam;
- as ações contra o Conselho Nacional de Justiça e o Conselho Nacional do Ministério Público, com a mesma ressalva já alegada no caso de crime de responsabilidade praticado por um de seus membros (competência do Senado Federal – art. 52, II, CF).

Cabe também ao STF dirimir conflitos de competência entre o STJ e qualquer tribunal, entre tribunais superiores ou entre estes e qualquer outro tribunal, mas não entre o STJ e os Tribunais Regionais Federais ou Estaduais, bem como entre qualquer tribunal e o STF, pois, nesses casos, não há que se falar em conflito de competência, mas sim em hierarquia jurisdicional.

Competência recursal do STF

- **Recurso ordinário** (art. 102, II, CF) – Compete ao STF julgar, por meio desse recurso:

- o crime político;
- o mandado de segurança, o *habeas corpus*, o *habeas data* e o mandado de injunção de competência originária dos tribunais superiores que são denegados por estes.

• **Recurso extraordinário** (art. 102, III, CF) – Cabe ao STF julgar, mediante esse recurso, as causas decididas em única ou última instância quando a decisão recorrida:
- contrariar dispositivo da Constituição;
- declarar a inconstitucionalidade de tratado ou lei federal;
- julgar válida lei ou ato de governo local contestado em face da Constituição;
- julgar válida lei local contestada em face de lei federal (art. 102, III, "d", criada pela EC 45/04).

Quanto aos pressupostos do recurso extraordinário, vale mencionar:
- **Prequestionamento** – Como guardião da Constituição, para que o STF julgue o recurso extraordinário, é necessário que a questão relativa à constitucionalidade ou à inconstitucionalidade existente no caso concreto tenha sido debatida e efetivamente julgada. Caso a decisão não contenha a alegação relativa ao prequestionamento da matéria, tem cabimento embargo de declaração, para que todas as vias nas instâncias inferiores se esgotem e, assim, seja cabível o recurso extraordinário.
- **Ofensa direta à Constituição Federal** – No caso concreto, para que seja cabível o recurso extraordinário, a ofensa à Constituição Federal deve ser direta. Assim, a via indireta ou reflexa, ou seja, dependente de exame de legislação infraconstitucional para posterior apreciação do vício de inconstitucionalidade, não pode ser motivo ensejador do recurso extraordinário.
- **Repercussão geral** – A reforma do Poder Judiciário trouxe uma importante alteração relativa ao recurso extraordinário: a denominada repercussão geral. Por força do § 3.º do artigo 102 da CF, no recurso extraordinário o recorrente deverá demonstrar a repercussão geral das questões constitucionais discutidas no caso nos termos da lei a fim de que o tribunal examine a admissão do recurso, somente podendo recusá-lo pela manifestação de dois terços de seus membros. Assim, criou-se um novo pressuposto para admissão do recurso extraordinário: a matéria recursal deve ser de repercussão geral, ou seja, seu grau de importância e pertinência deve alcançar o âmbito de

todo o país e nele refletir; caso não seja assim, o STF, por dois terços de seus membros, pode não conhecer do recurso.

Súmula vinculante

A EC 45/04 inovou o texto constitucional ao criar o artigo 103-A, que possibilita ao STF, de ofício ou por provocação, mediante decisão de dois terços de seus ministros, depois de reiteradas decisões sobre matéria constitucional, aprovar súmula que, a partir de sua publicação na imprensa oficial, terá efeito vinculante em relação aos demais órgãos do Poder Judiciário e à administração pública direta e indireta, nas esferas federal, estadual e municipal, como também proceder a sua revisão ou cancelamento, na forma da lei. Assim, a criação da súmula vinculante teve como objetivo unificar a interpretação jurídica sobre determinada matéria constitucional, afastando eventual insegurança jurídica ou desrespeito à igualdade.

O artigo 103-A, quanto à edição, revisão e cancelamento da súmula vinculante, é uma norma de eficácia contida, ou seja, tem aptidão para produzir todos os seus efeitos, mas autoriza a superveniência de uma lei que a discipline e mesmo a restrinja.

O STF pode não apenas editar a súmula vinculante, como também instituir efeito vinculante às súmulas já editadas, desde que dois terços de seus ministros assim o decidam.

A aprovação, revisão ou cancelamento da súmula vinculante pode ser realizada de ofício pelo próprio STF ou pelos co-legitimados para propor ações diretas de inconstitucionalidade (art. 103, CF), legitimidade esta que poderá ser ampliada por lei federal.

Na aplicação ou não da súmula vinculante em um caso concreto, caberá a cada juiz verificar se determinada súmula se encaixa perfeitamente na lide. No entanto, se a decisão administrativa ou judicial contrariar a súmula ou aplicá-la indevidamente, é cabível reclamação ao STF, que, ao julgá-la, poderá anular o ato ou cassar a decisão.

SUPERIOR TRIBUNAL DE JUSTIÇA

O STJ é composto de 33 ministros, escolhidos pelo presidente da República, mas, diferentemente do que ocorre com a nomeação dos ministros do STF, nesse tribunal o presidente da República é obrigado a indicar os nomes entre as carreiras jurídicas de acordo com a seguinte proporção:

- um terço de juízes dos Tribunais Regionais Federais;
- um terço de desembargadores dos Tribunais de Justiça Estaduais;

- um sexto de advogados;
- um sexto de membros dos Ministérios Públicos Federal, Estaduais e Distrital.

Os requisitos para a indicação ao cargo de ministro do STJ são:

- ter idade entre 35 e 65 anos;
- ser brasileiro nato ou naturalizado;
- ter ilibada reputação e notório saber jurídico.

Escolhidos os candidatos pelo presidente da República entre as listas tríplices (no caso de juízes dos Tribunais Regionais Federais e Tribunais de Justiça Estaduais, o próprio STJ elabora as listas) ou sêxtuplas (no caso dos advogados e membros dos Ministérios Públicos, cada instituição prepara a respectiva lista e a envia ao STF para que este elabore as listas tríplices), serão sabatinados pelo Senado Federal, que os aprovarão por maioria absoluta, conforme a nova redação dada ao artigo 104, parágrafo único, da CF pela EC 45/04.

Competência do STJ

A definição da competência do STJ está no artigo 105 da CF. Enquanto o STF é o guardião da Constituição Federal, cabe ao STJ a guarda do ordenamento jurídico federal.

Originariamente, compete ao STJ processar e julgar:

- nos crimes comuns, os governadores;
- nos crimes comuns e de responsabilidade, os desembargadores dos Tribunais de Justiça dos Estados e do Distrito Federal, os membros dos Tribunais de Contas dos Estados e do Distrito Federal, os membros dos Tribunais Regionais Federais, Eleitorais e do Trabalho, os membros dos Conselhos ou Tribunais de Contas dos Municípios e os membros do Ministério Público da União que oficiem perante tribunais.

Note-se que as aludidas autoridades públicas, quando pacientes ou mesmo coatoras de direitos fundamentais, serão processadas e julgadas perante o STJ desde que a competência originária não seja do STF.

Da mesma forma que o STF, cabe também ao STJ dirimir conflitos de competência de quaisquer tribunais, exceto os dirimidos perante o STF.

Importante salientar que, com a reforma do Poder Judiciário, compete agora ao STJ a homologação de sentenças estrangeiras e a concessão de *exequatur* às cartas rogatórias, competência que era do STF.

Competência recursal do STJ

- **Recurso ordinário** (art. 105, II, CF) – Compete ao STJ julgar, por meio desse recurso:

- os *habeas corpus* decididos em única ou última instância pelos Tribunais Regionais Federais ou pelos Tribunais dos Estados e do Distrito Federal e Territórios, quando a decisão for denegatória (em casos de decisão denegatória de tribunais superiores com competência originária, esse recurso será processado e julgado perante o STF);
- os mandados de segurança decididos em única instância pelos Tribunais Regionais Federais ou pelos Tribunais dos Estados e do Distrito Federal e Territórios, quando a decisão for denegatória;
- as causas em que forem partes, de um lado, o Estado estrangeiro ou organismo internacional e, de outro, o Município ou pessoa residente ou domiciliada no Brasil.

• **Recurso especial** (art. 105, III, CF) – Cabe ao STJ julgar, mediante recurso especial, as causas decididas, em única ou última instância, pelos Tribunais Regionais Federais ou pelos Tribunais dos Estados e do Distrito Federal e Territórios, quando a decisão recorrida:

- contrariar tratado ou lei federal ou negar-lhe vigência;
- julgar válido ato de governo local contestado em face de lei federal;
- der a lei federal interpretação divergente da que lhe tenha atribuído outro tribunal.

TRIBUNAL SUPERIOR ELEITORAL

O TSE é composto de sete juízes, sendo:

• três ministros do STF, mediante eleição no próprio STF;
• dois ministros do STJ, mediante eleição no próprio STJ;
• dois advogados de notável saber jurídico e idoneidade moral, escolhidos pelo presidente da República mediante lista sêxtupla elaborada pelo STF, sem necessidade de aprovação pelo Senado Federal.

Competência da Justiça Eleitoral

Será disciplinada por lei complementar, conforme determina o artigo 121 da CF.

TRIBUNAL SUPERIOR DO TRABALHO

Órgão máximo da Justiça especializada nessa matéria, o TST é composto de 27 ministros, escolhidos dentre brasileiros com mais de 35 e menos de 65 anos, nomeados pelo presidente da República após aprovação pela maioria absoluta do Senado Federal, sendo:

- um quinto entre advogados com mais de dez anos de efetiva atividade profissional e membros do Ministério Público do Trabalho com mais de dez anos de efetivo exercício;
- os demais entre juízes dos Tribunais Regionais do Trabalho, oriundos da magistratura da carreira, indicados pelo próprio Tribunal Superior.

Competência da Justiça do Trabalho

A competência da Justiça do Trabalho está disposta no artigo 114 da CF, que sofreu diversas alterações com a promulgação da EC 45/04, acrescentando-lhe nove incisos. Cabe destacar a competência para processar e julgar as controvérsias decorrentes da relação do trabalho, assim como os mandados de segurança, *habeas corpus* e *habeas data* quando o ato questionado envolver matéria sujeita a sua jurisdição.

JUSTIÇA MILITAR

Composta pelo Superior Tribunal Militar, pelos Tribunais Militares e pelos juízes militares instituídos por lei, a Justiça Militar tem como competência processar e julgar os crimes militares definidos em lei.

Superior Tribunal Militar

É formado por 15 ministros, sendo:

- três oficiais da Marinha, da ativa e do posto mais elevado da carreira;
- quatro oficiais-gerais do Exército, da ativa e do posto mais elevado da carreira;
- três oficiais-gerais da Aeronáutica, da ativa e do posto mais elevado da carreira;
- cinco civis, entre os quais três advogados, um juiz auditor e um membro do Ministério Público Militar.

O presidente da República indicará os candidatos, que serão sabatinados pelo Senado Federal. Após a aprovação por maioria simples, o presidente da República os nomeará.

JUSTIÇA FEDERAL

Compõem a Justiça Federal os Tribunais Regionais Federais e os juízes federais.

Competência dos TRFs

Conforme dispõe o artigo 108 da CF, aos Tribunais Regionais Federais cabe processar e julgar originariamente:

- os juízes federais da área de sua jurisdição, inclusive os da Justiça

Militar e do Trabalho, nos crimes comuns e de responsabilidade, e os membros do Ministério Público da União;

- as revisões criminais e as ações rescisórias de julgados próprios e dos juízes federais;
- os mandados de segurança e os *habeas data* contra ato do próprio tribunal ou de juiz federal;
- os *habeas corpus*, quando a autoridade coatora for juiz federal;
- os conflitos de competência entre juízes federais vinculados ao tribunal.

Além da competência originária, os Tribunais Regionais Federais detêm competência recursal, quando se tratar de decisão de juízes federais ou de estaduais no exercício da competência federal.

Competência dos juízes federais

A competência dos juízes federais está disposta no artigo 109 da CF. Destaque-se a competência para processar e julgar as causas em que a União, entidade autárquica ou empresa pública federal forem interessadas na condição de autoras, rés, assistentes ou oponentes, exceto as de falência, as de acidente de trabalho e as sujeitas à Justiça Eleitoral e do Trabalho.

Outro destaque refere-se ao campo penal da Justiça Federal. Por força da EC 45/04, quando existir grave violação dos direitos humanos, existe a possibilidade de o procurador-geral da República suscitar, perante o STF, em fase de inquérito ou processo, incidente de deslocamento da competência para a Justiça Federal, o que se convencionou chamar de federalização dos direitos humanos.

JUSTIÇA ESTADUAL

Compete aos Estados membros organizar sua Justiça, observados os princípios estabelecidos pela Constituição Federal.

A competência dos tribunais será definida na Constituição Estadual, sendo a lei de organização judiciária de iniciativa do Tribunal de Justiça.

Também cabe aos Estados a instituição de representação de inconstitucionalidade de leis ou atos normativos estaduais ou municipais em face da Constituição Estadual, proibida a atribuição para agir a um único órgão.

A lei estadual poderá criar, mediante proposta do Tribunal de Justiça, a Justiça Militar Estadual, cuja competência encontra-se no artigo 125, § 4.º, da CF. O mesmo artigo, no parágrafo seguinte, define a competência dos juízes de direito do juízo militar.

Uma inovação advinda da EC 45/04 trata da possibilidade de funcionamento descentralizado do Tribunal de Justiça, com a constituição de

Câmaras Regionais, a fim de assegurar o pleno acesso do jurisdicionado à Justiça em todas as fases do processo. Nesse mesmo sentido, o Tribunal de Justiça instalará a Justiça itinerante, com a realização de audiências e demais funções da atividade jurisdicional, nos limites territoriais da respectiva jurisdição, servindo-se de equipamentos públicos e comunitários.

Ainda conforme a EC 45/04, o Tribunal de Justiça, para dirimir conflitos fundiários, proporá a criação de varas especializadas, com competência exclusiva para questões agrárias.

A REGRA DO "QUINTO CONSTITUCIONAL"

O artigo 94 da CF determina:

> Um quinto dos lugares dos Tribunais Regionais Federais, dos Tribunais dos Estados e do Distrito Federal e Territórios será composto de membros do Ministério Público, com mais de dez anos de carreira, e de advogados de notório saber jurídico e de reputação ilibada, com mais de dez anos de efetiva atividade profissional, indicados em lista sêxtupla pelos órgãos de representação das respectivas classes.
>
> Parágrafo único – Recebidas as indicações, o tribunal formará lista tríplice, enviando-a ao Poder Executivo, que, nos 20 dias subseqüentes, escolherá um de seus integrantes para nomeação.

Dessa forma, é obrigatório para os aludidos tribunais que um quinto de seus lugares seja composto por advogados e membros do Ministério Público.

Em Resumo

Separação e Organização dos Poderes

O poder do Estado é uno e indivisível. Contudo, para facilitar suas execuções e principalmente para controlar arbítrios e abusos do próprio Estado no exercício do poder, separam-se as funções deste em três poderes: Executivo, Legislativo e Judiciário. Cada poder tem funções precípuas ou típicas, sem que isso afaste a possibilidade do exercício de funções atípicas, ou seja, funções precípuas de outra esfera.

Poder Legislativo

No âmbito federal, o Poder Legislativo é exercido na forma bicameral, ou seja, existem duas Casas Legislativas – a Câmara dos Deputados, representando o povo, e o Senado Federal, representando os Estados membros –, que juntas são denominadas Congresso Nacional.

Congresso Nacional – Suas competências encontram-se nos artigos 48 e 49 da CF.

- **Câmara dos Deputados** – Compõe-se dos representantes do povo, eleitos pelo sistema proporcional de cada Estado membro, ou seja, o número de deputados federais é proporcional ao número de eleitores de cada Estado. A competência privativa da Câmara dos Deputados está disposta no artigo 51 da CF.
- **Senado Federal** – Corresponde à Casa que representa os Estados e o Distrito Federal. Seus componentes, os senadores, são eleitos segundo o princípio majoritário por maioria simples, ou seja, o candidato vencedor será aquele que obtiver a maioria dos votos. Cada Estado e o Distrito Federal têm igualitariamente três senadores, que cumprem o mandato de oito anos. A renovação dessas vagas se dá no sistema um terço–dois terços. Assim, a cada quatro anos há eleição para duas ou quatro vagas alternativamente para cada Estado e para o Distrito Federal. A competência do Senado Federal está no artigo 52 da CF.

Fiscalização pelo Poder Legislativo

- **Comissões Parlamentares de Inquérito (CPIs)** – O Poder Legislativo também tem como função típica fiscalizar os atos do Poder Executivo, conforme previsão do artigo 58, § 3.º, da CF, que autoriza a criação de Comissões Parlamentares de Inquérito (CPIs), com poderes próprios das autoridades judiciais, além de outros previstos nos regimentos das respectivas Casas. As CPIs são constituídas pela Câmara dos Deputados e pelo Senado Federal, em conjunto ou separadamente, mediante requerimento de um terço de seus membros, para apuração de fato determinado e por prazo certo, e suas conclusões, se for o caso, são encaminhadas ao Ministério Público, para que promova a responsabilidade civil ou criminal dos infratores.

As CPIs não têm competência jurisdicional, isto é, poder de julgamento. Tanto é verdade que, no máximo, suas conclusões podem ser encaminhadas ao Ministério Público para que este promova as respectivas medidas judiciais para responsabilidade civil e criminal dos infratores, as quais deverão ser julgadas por quem tem autoridade jurisdicional, ou seja, os magistrados.

Em razão dessas restrições, as CPIs não podem tomar medidas acautelatórias para assegurar sentença condenatória, pois só quem tem o poder de sentenciar é que pode adotar tais medidas. Assim, é vedado às CPIs:

- decretar prisões, salvo prisão em flagrante delito, que qualquer indivíduo do povo pode realizar;
- determinar medidas cautelares, como indisponibilidade de bens, arrestos e seqüestros;
- promover atos de reserva jurisdicional, como interceptação telefônica e violação de domicílio durante o dia, salvo se houver ordem judicial.

Os eventuais descumprimentos desses limites configuram verdadeiros abusos, devendo ser controlados pelo Poder Judiciário por meio das garantias constitucionais.

- **Tribunal de Contas da União** – É órgão autônomo e auxiliar do Poder Legislativo, com o objetivo de fiscalizar os atos dos poderes, especialmente do Executivo. Suas funções estão estabelecidas no artigo 71 da CF.
- **Tribunais de Contas Estaduais, Distrital e Municipais** – A Constituição faz referência a outros Tribunais de Contas, como, por exemplo, no artigo 31, que dispõe que a fiscalização do Município será exercida pelo Poder Legislativo Municipal, com o auxílio do Tribunal de Contas do Estado ou, onde houver, do Tribunal de Contas do Município, os quais foram recepcionados pela Constituição de 1988, embora esta vede a criação de novos Tribunais de Contas. Apesar de o parecer do Tribunal de Contas sobre as contas anuais dos prefeitos não ser de caráter vinculado ao Poder Legislativo, pois a este caberá o jul-

gamento das contas do Poder Executivo (art. 49, IX, CF), só não prevalecerá por decisão de dois terços dos membros da Câmara Municipal.

Imunidades parlamentares

Por exercerem uma das funções dos poderes, os parlamentares necessitam de certos atributos e prerrogativas que os protejam de ingerências e pressões durante o exercício de seu mandato.

- **Imunidade material** – Conforme o artigo 53, *caput*, da CF, "os deputados e senadores são invioláveis, civil e penalmente, por quaisquer de suas opiniões, palavras e votos". Portanto, estão imunes à tipificação de suas condutas como crimes de opinião ou contra a honra, como também o são por eventual responsabilização por perdas ou danos, desde que essas opiniões, palavras e votos ocorram no exercício de seu ofício parlamentar.
- **Imunidade formal** – Por conta dessa imunidade, o parlamentar não poderá ser preso civil (caso de não pagamento de pensão alimentícia e depositário infiel) ou criminalmente, exceto por crime inafiançável, em flagrante delito. Nesse caso, a manutenção da prisão dependerá de autorização da respectiva Casa a que foi eleito, para formação da culpa, pelo voto ostensivo e nominal da maioria de seus membros.

Já quanto à possibilidade de responsabilidade penal dos parlamentares, a EC 35/01 a alterou consideravelmente, pois desde sua edição não existe mais a necessidade de autorização da Casa Legislativa a que pertence o acusado para que se inicie o processo crime contra este. No entanto, pode a respectiva Casa, por iniciativa de partido político que nela tenha representação e por maioria absoluta de seus membros, sustar a qualquer momento antes da decisão final do processo o andamento da ação penal por crime praticado pelo parlamentar após sua diplomação, tendo em vista que no caso de crime cometido por parlamentar antes de sua diplomação não há a referida imunidade.

Poder Executivo

Previsto no artigo 76 da CF, é exercido pelo presidente da República, eleito pelo sistema majoritário por maioria absoluta, com o auxílio dos ministros de Estado.

Prerrogativas e imunidades presidenciais – Assim como os parlamentares, o presidente da República possui prerrogativas e imunidades que visam a protegê-lo de ingerências e pressões durante o exercício de seu mandato. Por força dessas prerrogativas e imunidades, o presidente da República não poderá ser preso por infrações penais comuns enquanto não sobrevier sentença condenatória, como também, para autorizar o início de um processo contra ele, por qualquer tipo de crime, haverá necessidade da concordância de dois terços dos membros da Câmara dos Deputados, constituindo-se em um verdadeiro exame de admissibilidade. Após essa admissão, somente o STF poderá julgar o presidente da República por crime comum, pois este tem foro por prerrogativa de função, nos termos do artigo 102, I, "b", da CF; em caso de crime de responsabilidade, a competência para o julgamento é do Senado Federal, de acordo com o artigo 52, I, da CF.

Poder Judiciário

O Poder Judiciário é autônomo e independente dos demais, constituindo-se no guardião da Constituição e das leis. Por essa razão, seus membros possuem garantias contra pressões e abusos de quem quer que seja, dentre elas a vitaliciedade, a inamovibilidade e a irredutibilidade de vencimentos.

Conselho Nacional de Justiça (art. 103-B, CF) – Criado pela EC 45/04, com sede na capital federal, jamais exercerá funções jurisdicionais, ou seja, não intervirá na atividade puramente jurisdicional dos magistrados, mas somente controlará a atuação administrativa e financeira do Poder Judiciário e o cumprimento dos deveres funcionais dos juízes. A Constituição Federal atribui ao Conselho Nacional de Justiça um rol de competências não exaustivo, além de outras acrescidas pelo Estatuto da Magistratura.

Supremo Tribunal Federal – O STF é o tribunal de maior importância na organização do Poder Judiciário no Brasil. Compõe-se de 11 ministros, divididos em duas turmas, cada uma composta por cinco membros, sendo que o presidente do STF apenas participa das sessões plenárias. Nomeados pelo presidente da República, esses ministros detêm todas as prerrogativas dos membros da magistratura e devem preencher os seguintes requisitos:

- ter idade entre 35 e 65 anos;
- ser brasileiro nato;
- ser cidadão;
- ter ilibada reputação e notório saber jurídico.

Depois de nomeados pelo presidente da República, os ministros do STF não serão automaticamente empossados, pois obrigatoriamente serão sabatinados pelo Senado Federal, devendo sua nomeação ser aprovada pela maioria absoluta dos membros dessa Casa Legislativa.

A competência do STF é delineada pelos artigos 102 e 103 da CF, que sofreram alterações com a reforma do Poder Judiciário (EC 45/04).

A EC 45/04 inovou o texto constitucional ao criar o artigo 103-A, que possibilita ao STF, de ofício ou por provocação, mediante decisão de dois terços de seus ministros, depois de reiteradas decisões sobre matéria constitucional, aprovar **súmula** que, a partir de sua publicação na imprensa oficial, terá efeito **vinculante** em relação aos demais órgãos do Poder Judiciário e à administração pública direta e indireta, nas esferas federal, estadual e municipal, como também proceder a sua revisão ou cancelamento, na forma da lei.

Superior Tribunal de Justiça – O STJ é composto de 33 ministros, escolhidos pelo presidente da República, mas, diferentemente do que ocorre com a nomeação dos ministros do STF, nesse tribunal o presidente da República é obrigado a indicar os nomes entre as carreiras jurídicas de acordo com a seguinte proporção:

- um terço de juízes dos Tribunais Regionais Federais;
- um terço de desembargadores dos Tribunais de Justiça Estaduais;
- um sexto de advogados;
- um sexto de membros dos Ministérios Públicos Federal, Estaduais e Distrital.

Os requisitos para a indicação ao cargo de ministro do STJ são:

- ter idade entre 35 e 65 anos;
- ser brasileiro nato ou naturalizado;
- ter ilibada reputação e notório saber jurídico.

A definição da competência do STJ está no artigo 105 da CF. Enquanto o STF é o guardião da Constituição Federal, cabe ao STJ a guarda do ordenamento jurídico federal.

17

Advocacia e Ministério Público

Indispensabilidade e imunidade do advogado

A Constituição Federal preocupou-se em elevar a indispensabilidade e a imunidade do advogado, inserindo-as, no artigo 33, como princípios constitucionais, pois tais prerrogativas são essenciais a um Poder Judiciário correto em um Estado Democrático de Direito.

Exceções à indispensabilidade do advogado à administração da justiça

Não há necessidade do advogado, mesmo existindo um devido processo legal, nos casos de *habeas corpus* e revisão criminal, que podem ser interpostos pelo próprio acusado, tendo em vista que o direito de defesa, inclusive o de autodefesa, se sobrepõe à referida obrigatoriedade do advogado.

Imunidade do advogado

O artigo 133 da CF prevê a imunidade do advogado ao preceituar que este é "inviolável por seus atos e manifestações no exercício da profissão, nos limites da lei".

Assim, a imunidade restringe-se ao exercício da profissão e desde que os atos e manifestações não sejam desnecessariamente ofensivos; caso contrário, estar-se-ia desvirtuando a idéia de que a imunidade não existe, para não cercear ou censurar o advogado na defesa de seu cliente, mas sim para atacar livremente as partes ou até mesmo o juiz.

Ministério Público

Segundo o artigo 127 da CF, o Ministério Público é instituição permanente, essencial à função jurisdicional do Estado, incumbindo-lhe a defesa da ordem jurídica, do regime democrático e dos interesses sociais e individuais indisponíveis.

Princípios institucionais do Ministério Público

- **Princípio da unidade** – Os membros do Ministério Público fazem parte de um único órgão, sob a direção do procurador-geral da República, no âmbito federal, e do procurador-geral de Justiça, no âmbito estadual.
- **Princípio da indivisibilidade** – Os membros do Ministério Público atuam em nome da instituição como um todo, podendo ser substituídos entre si, de acordo com os critérios legais.
- **Princípio da independência funcional** – A atuação dos membros do Ministério Público deve obediência às normas constitucionais e legais, sem sofrer ingerências administrativas.

  Observação

  *A Constituição Federal consagra, além do princípio do juiz natural, em seu artigo 5.º, LIII, o **princípio do promotor natural**. Portanto, as atribuições para atuação de um promotor de justiça em certo feito deverão ser previamente fixadas e previstas, sendo proibido ao procurador-geral a escolha aleatória de um promotor para atuar em determinado processo, salvo exceções previstas na lei orgânica do Ministério Público.*

Funções do Ministério Público

A Constituição Federal elenca as funções institucionais do Ministério Público nos incisos I a VIII do artigo 129, deixando claro, no inciso IX, que o rol é exemplificativo, pois prevê o exercício de outras funções que lhe forem conferidas, desde que compatíveis com sua finalidade, sendo-lhe vedadas a representação judicial e a consultoria jurídica de entidades públicas.

As funções institucionais do Ministério Público exemplificadas pela Constituição Federal são:

- promover, privativamente, a ação penal pública, na forma da lei;
- zelar pelo efetivo respeito dos poderes públicos e dos serviços de rele-

vância pública aos direitos assegurados na Constituição, promovendo as medidas necessárias a sua garantia;
- promover o inquérito civil e a ação civil pública, para a proteção do patrimônio público e social, do meio ambiente e de outros interesses difusos e coletivos;
- promover a ação de inconstitucionalidade ou representação para fins de intervenção da União e dos Estados, nos casos previstos na Constituição;
- defender judicialmente os direitos e os interesses das populações indígenas;
- expedir notificações nos procedimentos administrativos de sua competência, requisitando informações e documentos para instituí-los, na forma da lei complementar;
- exercer o controle externo da atividade policial, na forma da lei complementar;
- requisitar diligências investigatórias e a instauração de inquérito policial, indicando os fundamentos jurídicos de suas manifestações processuais.

Estrutura do Ministério Público

O Ministério Público abrange (art. 128, I e II, CF):
- o Ministério Público da União, que compreende: o Ministério Público Federal, o Ministério Público do Trabalho, o Ministério Público Militar e o Ministério Público do Distrito Federal e Territórios;
- o Ministério Público dos Estados.

Garantias dos membros do Ministério Público

Em nome da independência funcional, os promotores de justiça, bem como os procuradores, detêm garantias. São elas:
- **Vitaliciedade** – Os membros do Ministério Público, depois de completarem o estágio probatório de dois anos, só poderão ser destituídos do cargo em razão de sentença judicial transitada em julgado.
- **Inamovibilidade** – Os membros do Ministério Público não podem ser compelidos à transferência de seus cargos, salvo por motivo de interesse público, mediante decisão do órgão colegiado, por maioria absoluta dos votos, assegurada a ampla defesa.
- **Irredutibilidade de subsídio** – A remuneração dos membros do Ministério Público não pode sofrer redução. Tal irredutibilidade é

nominal e não real, ou seja, a remuneração pode sofrer perdas inflacionárias sem se discutir acerca da violação dessa garantia.

Vedações aos membros do Ministério Público

É vedado aos membros do Ministério Público:

- receber honorários, porcentagens ou custas processuais;
- exercer a advocacia;
- participar de sociedade comercial, na forma da lei;
- exercer qualquer outra função pública, salvo uma de magistério;
- exercer atividade político-partidária;
- receber, a qualquer título ou pretexto, auxílios ou contribuições de pessoas físicas, entidades públicas ou privadas, ressalvadas exceções previstas em lei;
- exercer a advocacia no juízo ou tribunal perante o qual atuaram, pelo período de três anos após o afastamento do cargo por aposentadoria ou exoneração – assim como os juízes, os membros do Ministério Público devem obedecer à quarentena, conforme a EC 45/04.

Conselho Nacional do Ministério Público

Assim como o Conselho Nacional de Justiça exerce função de controle da atuação administrativa e financeira do Poder Judiciário e do cumprimento dos deveres funcionais dos juízes, o Conselho Nacional do Ministério Público controla a atuação administrativa e financeira do Ministério Público e o cumprimento dos deveres funcionais de seus membros. Além da fiscalização administrativa, deve formular políticas institucionais, elaborar um relatório anual sobre a atuação do Ministério Público em todo o país e propor as providências que considerar necessárias ao Congresso Nacional.

O Conselho Nacional do Ministério Público é composto por 14 membros, quais sejam (art. 130-A, CF):

- procurador-geral da República;
- quatro membros do Ministério Público da União;
- três membros do Ministério Público dos Estados;
- dois juízes, um indicado pelo STF e outro pelo STJ;
- dois advogados, indicados pelo Conselho Federal da OAB;
- dois cidadãos de notável saber jurídico e reputação ilibada, um indicado pela Câmara dos Deputados e outro pelo Senado Federal.

Em Resumo

Advocacia e Ministério Público

Indispensabilidade e imunidade do advogado

O artigo 133 dispõe: "O advogado é indispensável à administração da justiça, sendo inviolável por seus atos e manifestações no exercício da profissão, nos limites da lei".

Não há necessidade do advogado, mesmo existindo um devido processo legal, nos casos de *habeas corpus* e revisão criminal, que podem ser interpostos pelo próprio acusado.

Ministério Público

Segundo o artigo 127 da CF, o Ministério Público é instituição permanente, essencial à função jurisdicional do Estado, incumbindo-lhe a defesa da ordem jurídica, do regime democrático e dos interesses sociais e individuais indisponíveis.

São princípios institucionais do Ministério Público:

- princípio da unidade;
- princípio da indivisibilidade;
- princípio da independência funcional.

Preste Atenção

1. **Imunidade do advogado** – O artigo 133 da CF prevê a imunidade do advogado ao preceituar que este é "inviolável por seus atos e manifestações no exercício da profissão, nos limites da lei".

2. **Conselho Nacional do Ministério Público** – Exerce função de controle da atuação administrativa e financeira do Ministério e do cumprimento dos deveres funcionais de seus membros. Além da fiscalização administrativa, deve formular políticas institucionais, elaborar um relatório anual sobre a atuação do Ministério Público em todo o país e propor as providências que considerar necessárias ao Congresso Nacional.

18

Controle de Constitucionalidade

Controle de constitucionalidade é a verificação de adequação e compatibilidade entre um ato legislativo ou normativo à lei e à Constituição. Todo ato legislativo ou normativo que contrariar a lei fundamental de organização do Estado será declarado inconstitucional, tendo em vista a supremacia da Constituição em face das normas infraconstitucionais, que se encontram em patamar inferior, na escala da pirâmide jurídica de Kelsen.

Formas de inconstitucionalidade

Existem duas formas de inconstitucionalidade: por ação e por omissão.

Inconstitucionalidade por ação

Decorre da produção de atos legislativos ou normativos que contrariem dispositivos constitucionais por motivos materiais ou formais.

- **Inconstitucionalidade por ação material** – Resulta da produção de ato legislativo ou normativo que desrespeite o próprio conteúdo ou a matéria das normas constitucionais. Exemplo: deputado federal, que tem o poder de iniciativa de leis, apresenta projeto de reforma do Código Penal instituindo a pena de morte. A inconstitucionalidade desse projeto é material, pois a Constituição Federal veda a pena de morte, apenas excetuando o caso de guerra.
- **Inconstitucionalidade por ação formal** – Provém da produção de ato em desacordo com os procedimentos formais ou elaborados por autoridade incompetente. Exemplos:
  - Projeto de lei aprovado na Câmara dos Deputados vai para o Senado. Se essa Casa modificar o projeto, este necessariamente deve voltar à

Casa iniciadora. Caso o Senado não siga esse procedimento, encaminhando diretamente o projeto modificado para o presidente da República, verificar-se-á a inconstitucionalidade formal.

- Lei complementar aprovada por maioria simples das Casas do Congresso Nacional que é sancionada, promulgada e publicada pelo presidente da República apresenta vício de inconstitucionalidade formal, tendo em vista que não foi respeitado o *quorum* estabelecido pela Constituição Federal para aprovação da referida espécie normativa, qual seja, maioria absoluta.

Inconstitucionalidade por omissão

É a não elaboração de atos legislativos ou normativos que impossibilitem a plena eficácia de normas constitucionais. Sempre que um preceito constitucional não puder surtir todos os seus efeitos em razão de inércia legislativa ou administrativa dos poderes constituídos, estaremos diante de uma inconstitucionalidade por omissão.

Retoma-se, aqui, a eficácia das normas constitucionais. Uma norma constitucional de eficácia limitada só terá plena eficácia após a conduta positiva e obrigatória do Poder Público; se este não cumpre seu mandamento, quedando-se inerte, há uma síndrome de inefetividade da norma constitucional, como também clara inconstitucionalidade, não por uma ação, mas sim por uma omissão dos poderes constituídos.

Exemplo: o artigo 7.º, XI, da CF consagra como direito dos trabalhadores urbanos e rurais a participação nos lucros e resultados das empresas, desvinculada da remuneração, e, excepcionalmente, participação na gestão da empresa, conforme definido em lei. Enquanto não sobreveio a referida lei (posteriormente foi editada a Lei 10.101, em 19/12/2000), existia uma inconstitucionalidade, não por uma ação do legislador, mas sim por sua omissão.

Poderes e controle de constitucionalidade

Todos os poderes têm o dever de controlar a constitucionalidade.

Controle de constitucionalidade pelo Poder Legislativo - Comissão de Constituição e Justiça

Todo projeto de lei ou proposta de emenda constitucional, antes de serem levados a plenário, obrigatoriamente passam pela Comissão de Constituição e Justiça (CCJ), que não analisará o mérito do projeto de lei ou proposta de emenda, mas sim sua constitucionalidade, exercendo, dessa maneira, o controle de constitucionalidade pelo Poder Legislativo. Essa espécie de controle também poderá ser exercida pelo próprio plenário da Casa Legislativa, na hipótese de rejeição do projeto de lei por vício de inconstitucionalidade.

Controle de constitucionalidade pelo Poder Executivo - veto jurídico

O projeto de lei aprovado pelo Legislativo é encaminhado ao presidente da República, chefe do Poder Executivo, que pode sancioná-lo, promulgando e publicando a lei, ou vetá-lo, discordando do projeto.

No entanto, o presidente da República deve apresentar razões de seu veto. Essas razões podem estar ligadas a motivos políticos, pois o projeto é contrário ao interesse público, caso em que o veto é político, ou ter cunho jurídico, quando amparadas por vício de inconstitucionalidade, denominado veto jurídico, que é a forma de controle de constitucionalidade realizado pelo Poder Executivo.

Controle de constitucionalidade pelo Poder Judiciário

Caso a lei seja promulgada, só resta uma possibilidade de controle de constitucionalidade dessa lei: por meio da provocação do Poder Judiciário, tendo em vista que a lei já existe no ordenamento jurídico.

Controles preventivo e repressivo de constitucionalidade

A diferença entre essas espécies de controle está no momento de sua efetiva realização. Se o controle de constitucionalidade for exercido antes do ingresso da norma no ordenamento jurídico, será preventivo; se ocorrer sob norma já existente, será repressivo.

Controle preventivo de constitucionalidade

Conforme se pode observar pelo que foi exposto, em regra, o controle de constitucionalidade exercido pelos poderes Executivo e Legislativo ocorre antes do fim do processo de instituição da lei (pela CCJ e pelo veto jurídico), sendo definido como controle preventivo de constitucionalidade.

Controle repressivo de constitucionalidade

É aquele que ocorre depois da existência da norma. Essa espécie de controle é feita pelo Judiciário, porém existem exceções.

POSSIBILIDADE DO CONTROLE REPRESSIVO PELO PODER LEGISLATIVO

Com a promulgação da Constituição de 1988, o Legislativo foi autorizado a controlar a Constituição repressivamente. O artigo 49, V, da CF preceitua que compete ao Congresso Nacional sustar os atos do Poder Executivo que exorbitem de seu poder regulamentar ou da delegação legislativa.

O poder regulamentar ou normativo é a espécie do dever-poder que tem a administração pública para atingir a satisfação do interesse público. Por meio dele, o Poder Executivo pode explicitar uma lei a fim de cumprir sua fiel execução.

Note-se que o poder regulamentar está restrito a regulamentar uma lei, sem poder ultrapassar os limites instituídos pela própria lei, ou seja, o Poder Executivo jamais poderá exorbitar de seu poder, tendo em vista que ele existe com uma única finalidade: conceder a possibilidade de fiel execução da lei.

Não poderia ser de outra forma, até porque, se a pretexto de regulamentar uma lei o Poder Executivo exorbitasse dos limites de seu poder regulamentar, estaria descaracterizando o conteúdo da lei, constituindo-se em um verdadeiro legislador, usurpando competência de outro ente e por conseguinte agindo inconstitucionalmente.

A fim de evitar essa possibilidade, o legislador constituinte estabeleceu a norma constitucional disposta no artigo 49, V, da CF, concedendo competência ao Congresso Nacional para sustar, por meio de decreto legislativo, a eficácia dos atos do Poder Executivo.

Saliente-se que, caso o Poder Legislativo suste o ato do Poder Executivo por este exorbitar de seu poder regulamentar, sendo, assim, inconstitucional, estaremos diante do controle de constitucionalidade realizado pelo Poder Legislativo, mas de modo repressivo, uma vez que o decreto presidencial é um ato que já existe e, como tal, não poderia passar pelo crivo do controle preventivo de constitucionalidade.

O referido artigo 49, V, da CF concede a mesma competência ao Poder Legislativo se o Poder Executivo exorbitar dos limites da delegação legislativa. Nesse caso, o Congresso Nacional também pode editar um decreto legislativo suspendendo a lei delegada – outro caso de controle repressivo de constitucionalidade realizado pelo Poder Legislativo.

Mais uma forma de controle repressivo de constitucionalidade realizado pelo Poder Legislativo encontra-se no artigo 62 da CF, referente às medidas provisórias.

Apesar de a medida provisória ser editada pelo presidente da República e ter força de lei, deve ser submetida de imediato ao Congresso Nacional, que poderá aprová-la ou rejeitá-la. Caso o Congresso a rejeite por entendê-la inconstitucional, estará exercendo o controle repressivo, pois estará retirando do ordenamento jurídico ato normativo já existente e inconstitucional.

POSSIBILIDADE DE CONTROLE REPRESSIVO PELO PODER JUDICIÁRIO

Também foi dada ao Poder Judiciário a possibilidade de controlar preventivamente a constitucionalidade de atos normativos, pois o STF pode ser provocado por parlamentares mediante mandado de segurança, quando se sentirem prejudicados por uma violação constitucional durante o processo legislativo, havendo, por conseguinte, um controle preventivo de constitucionalidade.

Modelos mundiais de controle de constitucionalidade

No mundo, existem três modelos principais de controle de constitucionalidade. O primeiro modelo que surgiu foi o norte-americano, que tem como marco simbólico o caso Marbury *vs*. Madison, pela Suprema Corte Americana, em 1803, relatado pelo lendário juiz John Marshall.

Vale ressaltar o interessante aspecto histórico-político que antecede essa decisão que alterou os rumos do Direito Constitucional.

No final de 1800, o presidente dos Estados Unidos, John Adams, tinha sido derrotado nas eleições presidenciais por seu vice-presidente, Thomas Jefferson. Ainda no final de seu mandato, Adams tentou conservar sua influência política por meio do Poder Judiciário. Para isso, conseguiu aprovação de uma lei que reduzia o número de ministros da Suprema Corte para impedir novas nomeações e criava 16 novos cargos de juiz federal, todos ocupados por seus aliados federalistas. Além dessa lei, outra foi editada, autorizando Adams a nomear 42 juízes de paz, o que fez, assinando suas investiduras um dia antes da posse de Thomas Jefferson. O encarregado de entregar os atos de investidura aos nomeados era o secretário de Estado Marshall, que já tinha sido indicado para presidente da Suprema Corte Americana por Adams.

No entanto, Marshall não teve tempo de entregar todas as investiduras e, após a posse de Jefferson, seu secretário, James Madison, recusou-se a entregar os atos de investidura aos juízes que até aquele instante não a tinham recebido, entre eles William Marbury, que ingressou com uma ação para ver reconhecido seu cargo com base em uma lei de 1789, que atribuía à Suprema Corte o julgamento de questões daquela natureza. Antes do julgamento, o novo Congresso deu apoio a Jefferson, que já havia revogado a aludida lei de Adams, extinguindo os cargos e destituindo seus ocupantes.

O cenário político para o juiz Marshall era crítico, pois, caso a Suprema Corte julgasse procedente a ação movida por Marbury, Jefferson não a cumpriria, colocando em xeque a importância da existência da Suprema Corte. Sob forte pressão, o juiz Marshall saiu-se astutamente, ao declarar que, embora Marbury tivesse direito à nomeação, a lei em que havia se baseado para ingressar com a ação judicial na Suprema Corte era inconstitucional, pois atribuía competência que estava fora dos limites traçados pela Constituição Norte-Americana.

O juiz Marshall, dessa forma, consagrou os ideais da supremacia da Constituição diante das demais espécies normativas, e mais: que é o Poder Judiciário que deve ser o intérprete final da Constituição. Ele conseguiu fortalecer seu próprio poder ao considerar o Poder Judiciário o guardião da Constituição, delimitando, assim, a atuação dos demais poderes, decisão esta que não poderia ser desrespeitada por Thomas Jefferson, tendo em vista que, no caso concreto Marbury *vs*. Madison, o juiz Marshall decidiu favoravelmente ao presidente. Assim, ficaram consagradas pelo Direito norte-americano a supremacia constitucional e a permissão ao Poder Judiciário, mediante casos concretos, de aplicar a Constituição.

Apenas em 1920, ou seja, quase 120 anos depois, outro sistema foi criado, na Áustria, por Hans Kelsen, em que o controle de constitucionalidade era feito por um Tribunal Constitucional que só teria essa atribuição. Tal controle não se baseava em casos concretos, como nos Estados Unidos, mas sim no julgamento da constitucionalidade de uma norma em tese, abstratamente. Essa idéia só foi retomada após a Segunda Grande Guerra, pois, por meio dela, haveria um mecanismo para evitar o distanciamento dos representantes do povo à vontade popular e o surgimento de ditaduras legalizadas.

Há, ainda, um terceiro modelo, de inspiração francesa, feito preventivamente, ou seja, antes da existência da norma, pelo Conselho Constitucional, que pode, mediante provocação, analisar a constitucionalidade da norma antes de sua promulgação.

O Brasil adotou os três métodos, tornando-se um dos únicos países a utilizar três sistemas diferentes, de forma mista, como será visto a seguir.

Meios de controle de constitucionalidade

Controle difuso, incidental ou por via de exceção

Por esse meio de controle de constitucionalidade, qualquer juiz ou tribunal pertencente ao Poder Judiciário pode, ao analisar um caso concreto, averiguar a compatibilidade da norma com a Constituição Federal. Portanto, a alegação de inconstitucionalidade é matéria de defesa para escusar o descumprimento do ato tido como inconstitucional. A questão de constitucionalidade é, assim, prejudicial ao pedido principal da ação.

Dessa maneira, uma controvérsia jurídica encaminhada ao juiz de primeira instância tem uma questão prejudicial ao mérito: a argüição de uma parte que compõe a lide de que a lei em que se baseia a outra parte para resguardar seu direito é inconstitucional. Logo, o juiz de primeira instância é provocado para declarar a inconstitucionalidade ou não da aludida lei. Nesse caso, estaríamos diante de um controle dentro de um caso concreto e de forma difusa.

PRINCÍPIO DA RESERVA DE PLENÁRIO

Caso houvesse recurso contra essa decisão do juiz de primeiro grau, os tribunais, por intermédio de seus órgãos especiais ou pela maioria absoluta de seus membros, julgariam a questão. Essa proibição aos órgãos fracionários dos tribunais de declarar a inconstitucionalidade de leis ou atos normativos do Poder Público está instituída pela Constituição, em seu artigo 97, e denomina-se **princípio da reserva de plenário**.

Por força desse princípio, os juízes, desembargadores e ministros dos Tribunais não podem julgar isoladamente a inconstitucionalidade de uma lei, sob pena de nulidade absoluta da decisão. O princípio não se aplica aos juízes monocráticos, uma vez que a restrição só atinge os membros de tribunais. O mesmo ocorre com a declaração de constitucionalidade da norma pelos tribunais, pois o princípio só é empregado em caso de declaração de inconstitucionalidade.

Há uma corrente no próprio STF que afirma que não se aplica o mencionado artigo 97 quando a decisão do tribunal estiver baseada em decisão do próprio STF acerca da norma, como forma de economia processual e celeridade, uma vez que a intenção do legislador constituinte foi evitar que órgãos fracionados de tribunais declarem, pela primeira vez, a inconstitucionalidade de uma norma.

EFEITOS DA DECISÃO

No controle de constitucionalidade difuso, por via de exceção, a decisão só afeta as pessoas que participam da relação processual, sendo o efeito, por conseguinte, *inter partes* e com efeito *ex tunc*, ou seja, a decisão retroage alcançando a inconstitucionalidade e todas as suas conseqüências desde sua origem – ressalte-se – somente para as partes. A decisão proferida para as partes pode estender-se para todos (*erga omnes*), conforme prevê o artigo 52, X, da CF.

O presidente do STF comunica ao presidente do Senado Federal a inconstitucionalidade da lei, assim como ao procurador-geral da República, por meio de representação e projeto de resolução de iniciativa da Comissão de Constituição e Justiça do Senado, após a decisão do Supremo Tribunal, no caso concreto, da inconstitucionalidade de uma lei ou ato normativo do Poder Público, tomada pela maioria absoluta de seus membros. O Senado recebe esse ofício e, mediante uma resolução, suspende para todos a eficácia da lei, mas com efeitos *ex nunc*; assim, a resolução do Senado alcança as relações constituendas, mas não as relações constituídas, pois não retroage.

Portanto, em um primeiro momento, a decisão de inconstitucionalidade transitada em julgado no STF gera efeitos *inter partes* e *ex tunc*, podendo estender-se *erga omnes* após a resolução do Senado Federal com efeitos *ex nunc*.

Muito se discute acerca da natureza dessa atribuição do Senado Federal, ou seja, caso o STF declare a inconstitucionalidade da lei, o Senado estará vinculado a suspender a execução da lei ou será mera discricionariedade da Casa, dependendo do exame do binômio conveniência–oportunidade?

A posição majoritária defendida pelo próprio STF, como também pelo Senado Federal, é a de que a natureza da edição da resolução é discricionária, cabendo ao Senado definir se é conveniente e oportuno editá-la ou não.

CONTROLE DIFUSO DE CONSTITUCIONALIDADE INCIDENTE EM AÇÃO CIVIL PÚBLICA

Conforme dito anteriormente, a ação civil pública é a ação que tutela interesses difusos, coletivos e individuais homogêneos. Contudo, há uma questão: se o juiz ou tribunal declarar a inconstitucionalidade de uma lei em sede de ação civil pública, não estaria sua decisão gerando efeitos *erga omnes* e, assim, usurpando competência do STF, que tem competência exclusiva para analisar controle concentrado de constitucionalidade?

A resposta é positiva. Não é permitido utilizar a ação civil pública para gerar efeitos que somente poderiam existir em sede de controle concentrado de constitucionalidade.

A única exceção é a ação civil pública na tutela de interesses individuais homogêneos. Como nessa espécie a ação civil pública tem um grupo determinado de pessoas com interesses divisíveis, o efeito da sentença restringir-se-ia ao grupo da ação, sem ocorrer usurpação de competência do STF, pois não haveria efeitos *erga omnes* nessa decisão.

Controle de constitucionalidade principal, abstrato, por via de ação ou concentrado

Visto que a alegação de inconstitucionalidade é fundamento do pedido de declaração de inconstitucionalidade do ato, a controvérsia constitucional é o próprio objeto da lide, que visa à declaração de constitucionalidade ou inconstitucionalidade da lei em tese geral e abstrata, com nítida influência do controle de constitucionalidade europeu, em que ao Tribunal Constitucional competia exclusivamente o controle de constitucionalidade de uma lei ou ato normativo em abstrato. Por essa razão, em regra, tal controle é exercido sob o critério concentrado, ou seja, a declaração é julgada originariamente por apenas um órgão de cúpula. No Brasil, essa atribuição foi dada ao STF, no artigo 102 da Constituição Federal.

São várias as formas existentes, contempladas pela Constituição, para o exercício dessa espécie de controle de constitucionalidade: ação direta de inconstitucionalidade (art. 102, I, "a"), ação direta de inconstitucionalidade interventiva (art. 36, III), ação direta de inconstitucionalidade por omissão (art. 103, § 2.º), ação declaratória de constitucionalidade (art. 102, I, "a") e argüição de descumprimento de preceito fundamental (art. 102, § 1.º).

Ação direta de inconstitucionalidade genérica

Compete ao STF, precipuamente, a guarda da Constituição, cabendo-lhe processar e julgar a ação direta de inconstitucionalidade (ADIn) de lei ou ato normativo federal ou estadual em face da Constituição Federal.

A finalidade dessa ação é garantir a segurança das relações jurídicas, visando, portanto, à retirada do ordenamento jurídico de lei ou ato normativo federal ou estadual que seja incompatível com a ordem constitucional, instituindo o STF como verdadeiro legislador negativo, mas nunca como legislador positivo, respeitando a independência dos poderes.

Assim, o objeto dessa ação é a declaração de inconstitucionalidade de lei ou ato normativo federal, estadual ou distrital, no exercício de competência equivalente à dos Estados membros, editados posteriormente à promulgação da atual Constituição e ainda em vigor.

Os atos normativos estão previstos no artigo 59 da CF, mas qualquer ato que ordena uma prescrição com destinatários deve ser considerado ato normativo, a menos que seja elaborado pelo poder constituinte originário e considerado cláusula pétrea, não podendo ser objeto de controle de constitucionalidade. Portanto, qualquer lei ou ato normativo federal, estadual ou distrital, desde que este último se assemelhe às competências estaduais, pode ser objeto de ADIn perante o STF.

A principal exceção à possibilidade de discussão de inconstitucionalidade de norma se refere às normas originárias da Constituição, ou seja, àquelas elaboradas pelo poder constituinte originário. Como o Brasil adotou a superioridade da norma constitucional ante as demais, inclusive sobre os princípios inerentes ao direito natural, é impossível a declaração de inconstitucionalidade de norma constitucional, a não ser que esta seja proveniente do poder constituinte originário. Por essa razão, é plenamente possível a existência do controle de constitucionalidade incidente em emenda constitucional, pois, embora esta ingresse no ordenamento jurídico com *status* de norma constitucional, obrigatoriamente deve respeitar os limites impostos pelo poder constituinte originário, como, por exemplo, os presentes no artigo 60 da CF. Dessa forma, cabe a referida ação em face de: emendas constitucionais, leis complementares, leis ordinárias, leis delegadas, medidas provisórias, decretos legislativos, resoluções e qualquer outro ato revestido com caráter normativo.

LEGITIMIDADE

São legitimados para propor a ADIn (art. 103, CF):

- o presidente da República;
- a Mesa do Senado Federal;
- a Mesa da Câmara dos Deputados;
- a Mesa da Assembléia Legislativa ou da Câmara Legislativa do Distrito Federal;
- o governador do Estado ou do Distrito Federal;
- o procurador-geral da República;
- o Conselho Federal da OAB;
- partido político com representação no Congresso Nacional;
- confederação sindical (reunião de três federações, sendo que cada federação representa a união de cinco sindicatos – art. 535, CLT) ou entidade de classe de âmbito nacional.

Note-se que a EC 45/04 retirou qualquer dúvida a respeito da legitimidade do governador do Distrito Federal e da Câmara Legislativa do Distrito Federal de ingressarem com ADIn perante o STF, tornando expressa essa previsão.

No entanto, alguns legitimados devem atender a um requisito para a propositura de ADIn: a denominada **pertinência temática**. Eles precisam comprovar o interesse de agir para propor determinada ADIn, ou seja, demonstrar o nexo causal entre a norma em tese cujo vício de inconstitucionalidade pretendem alegar e o interesse em declará-la inconstitucional por meio da ADIn, motivo pelo qual são chamados **legitimados especiais**. São eles:

- o governador do Estado ou do Distrito Federal;
- a Mesa da Assembléia Legislativa dos Estados ou da Câmara Legislativa do Distrito Federal;
- confederação sindical ou entidade de classe de âmbito nacional.

Os outros legitimados elencados no artigo 103 da CF têm legitimação universal e, por isso, são considerados pelo STF defensores da Constituição. Assim, é da própria essência desses legitimados a defesa dos ditames constitucionais, e eles sempre terão interesse de agir para propor ADIn, não importando o conteúdo do ato. São eles:

- o presidente da República;
- a Mesa do Senado Federal;
- a Mesa da Câmara dos Deputados;
- o procurador-geral da República;
- partido político com representação no Congresso Nacional;
- o Conselho Federal da OAB.

CONTROLE DE CONSTITUCIONALIDADE DE LEI OU ATO NORMATIVO MUNICIPAL

Conforme previsão do artigo 102, I, "a", da CF, a ADIn pode ser proposta em face de lei ou ato normativo federal ou estadual que seja incompatível com a Constituição Federal. Exclui-se, portanto, segundo entendimento da doutrina dominante, o controle de constitucionalidade de lei ou ato normativo municipal em face da Constituição Federal.

Contudo, se a lei ou ato normativo municipal contrariar dispositivo da Constituição Estadual, poderá haver o controle da constitucionalidade desse ato municipal por meio de um controle de âmbito estadual, julgado pelo Tribunal de Justiça Estadual. Isso é possível em razão do caráter federativo de nosso país, no qual os Estados membros possuem autonomia para organização de suas Justiças, cabendo-lhes a instituição de representação de inconstitucionalidade de leis ou atos normativos estaduais ou municipais em face da Constituição Estadual, conforme preceitua o artigo 125, § 2.º, da CF.

Caso a lei ou ato normativo municipal contrarie dispositivos da Constituição Federal e, concomitantemente, previsões expressas da Constituição Estadual, mesmo que de repetição obrigatória e redação idêntica à Constituição Federal, incide a competência do Tribunal de Justiça Estadual para exercer o controle de constitucionalidade.

CONTROLE DE CONSTITUCIONALIDADE DE LEI OU ATO NORMATIVO DISTRITAL

O Distrito Federal possui, como regra, as competências administrativas e legislativas dos Estados e dos Municípios. Assim, o controle de constitucionalidade de seus atos deve ser bipartido.

Seguindo a vedação imposta pelo artigo 102, I, "a", da CF de proibição do controle da Suprema Corte de leis ou atos normativos municipais em face da Constituição Federal, caso o ato distrital tenha características de ato municipal, não pode incidir sobre ele o controle de constitucionalidade perante o STF. Contudo, se o ato distrital tiver características de ato estadual, este pode ser objeto de ADIn perante o STF.

CONTROLE DE CONSTITUCIONALIDADE DE LEI OU ATO NORMATIVO ESTADUAL

Em relação ao controle abstrato em sede de ADIn de atos estaduais, este pode ser exercido tanto pelo STF quanto pelo Tribunal de Justiça Estadual, tendo em vista que sua previsão encontra-se não apenas no artigo 102, I, "a", da CF, como também no Tribunal de Justiça em paralelo às leis federais.

Caso haja concomitantemente ações diretas de inconstitucionalidade perante os dois tribunais (uma ação tramitando no Tribunal de Justiça e outra no STF) contra a mesma lei estadual que viola preceitos da Constituição Federal repetidos na Constituição Estadual, suspende-se o julgamento da ação que tramita perante o Tribunal de Justiça até o julgamento final da ação ajuizada no STF.

PEDIDO DE CAUTELAR NA ADIN

O artigo 102, I, "p", da CF prevê a possibilidade de medida cautelar em ações diretas de inconstitucionalidade, mediante comprovação de perigo de dano irreparável, uma vez que excetua a presunção de constitucionalidade de que se revestem os atos normativos.

Para a concessão da cautelar, salvo em casos de recesso, é necessária a decisão da maioria absoluta do STF, desde que estejam presentes no mínimo oito ministros na sessão, após a audiência dos órgãos ou autoridades de que emanou a lei ou ato normativo impugnado, que deverão pronunciar-se no prazo de cinco dias (pronunciamento que pode ser prescindido em caso de excepcional urgência), ouvindo-se posteriormente o advogado-geral da

União e o procurador-geral da República, no prazo de três dias, se o ministro relator assim julgar indispensável.

Como regra, a Lei 9.868/99, em seu artigo 11, § 1.º, consagrou que a concessão da liminar tem efeitos *ex nunc*, ou seja, suspende a vigência da lei ou ato normativo impugnado, porém o mesmo parágrafo admite que o STF pode conceder à liminar efeitos retroativos (*ex tunc*).

Portanto, em razão dos efeitos advindos da concessão da cautelar em ADIn em face de uma lei ou ato normativo federal ou estadual, a legislação anterior, que tinha sido revogada pela norma atacada e suspensa pela cautelar, torna-se aplicável, adotando o fenômeno da repristinação, salvo expressa manifestação em contrário.

PROCEDIMENTO DA ADIN

Ajuizada a ADIn, o relator pedirá informações à autoridade da qual foi emanado o ato. Essas informações serão prestadas em 30 dias, contados do recebimento do ofício, podendo ser dispensadas em caso de urgência. Após esse procedimento, o advogado-geral da União será citado para defender o ato impugnado, sendo aberta vista ao procurador-geral da República, que se manifestará acerca da procedência ou da improcedência da ação. Ambos terão o prazo de 15 dias para fazê-lo.

A Lei 9.868/99, no inovador artigo 7.º, § 2.º, previu também a possibilidade do "amigo da Corte" ou "*amicus curiae*", ou seja, terceiros que possam trazer subsídios para o deslinde do feito, alargando a causa de pedir da ADIn.

O julgamento da ação será realizado pelo plenário do STF, respeitando o princípio da reserva de plenário do artigo 97 da Constituição e o *quorum* mínimo de oito ministros para a instalação da sessão. Caso o STF entenda que o objeto da ação é constitucional, declarará a constitucionalidade do dispositivo, em via transversa; se julgá-lo inconstitucional, declarará a procedência da ADIn, em razão do caráter dúplice dessa ação.

A Lei 9.868/99, em seu artigo 12, possibilitou a existência de um julgamento mais célere da ADIn, ao disciplinar que, havendo pedido de medida cautelar, o relator da ação, em face da relevância da matéria e de seu especial significado para a ordem social e a segurança jurídica, poderá, após a prestação das informações, no prazo de dez dias, e a manifestação do advogado-geral da União e do procurador-geral da República, sucessivamente, no prazo de cinco dias, submeter o processo diretamente ao tribunal, que terá a faculdade de julgar definitivamente a ação.

RECLAMAÇÃO NO STF

Para garantir a autoridade de suas decisões proferidas em sede de ações diretas de inconstitucionalidade, admite o STF a utilização da denominada **reclamação** (art. 102, I, "l", CF), que deve ser ajuizada por qualquer um dos co-legitimados para propor a ação e com o mesmo objeto. Esse instituto serve para obrigar os tribunais e juízes inferiores a cumprir as teses jurídicas consagradas nas decisões tomadas pelo STF, como também para preservar sua competência.

Por causa do amplo debate acerca da inconstitucionalidade ou não da norma atacada em sede de ADIn, torna-se impossível qualquer tipo de recurso (exceto embargos de declaração) contra a decisão do STF, bem como o ajuizamento de ação rescisória.

EFEITOS DA DECISÃO DA ADIN

Em se tratando de controle abstrato de constitucionalidade, em que se discute a constitucionalidade de uma norma em abstrato, indiscutivelmente seu efeito é *erga omnes*. A grande dúvida se refere à possibilidade ou não de retroatividade da aludida decisão.

Não se discute muito quando o STF declara a norma objeto da ADIn constitucional. Evidentemente, seu efeito é *ex tunc*, pois, com a declaração do STF, afasta-se qualquer possibilidade de discussão acerca da inconstitucionalidade da norma e, assim, esta sempre foi constitucional.

O mesmo desdobramento ocorre, em parte, com a declaração de inconstitucionalidade pelo STF. Como regra, mesmo que o STF declare a norma inconstitucional, seu efeito será *ex tunc*, ou seja, retroagirá, alcançando a inconstitucionalidade desde sua origem.

Contudo, a Lei 9.868/99, em seu artigo 27, prevê a possibilidade do efeito *ex nunc*, ou mesmo *ex tunc*, com determinada fixação da retroatividade, isto é, existe no ordenamento jurídico a possibilidade de restrição dos efeitos da ADIn. Para tanto, é necessário que haja razões de segurança jurídica ou de excepcional interesse nacional, como também que tal decisão seja tomada por pelo menos dois terços dos ministros do STF.

EFEITO VINCULANTE EM ADIN

A EC 45/04 tornou constitucional a previsão do efeito vinculante em sede de ADIn. Dessa forma, uma vez proferida uma decisão de mérito em ADIn, esta vinculará obrigatoriamente os demais órgãos do Poder Judiciário, assim como a administração pública direta e indireta, nas esferas federal, estadual e municipal, afastando-se a possibilidade de decisão contrária em controle difuso de constitucionalidade.

Diferenças entre efeito vinculante e súmula vinculante

É importante salientar que o efeito vinculante, que é um desdobramento do julgamento da ADIn, não se confunde com a súmula vinculante, prevista pela EC 45/04.

Enquanto para estabelecer o efeito vinculante à ADIn basta seu julgamento de mérito pelo STF, independentemente da procedência ou improcedência, pois é um dos efeitos da própria ação, a súmula vinculante, prevista no novo artigo 103-A da CF, será editada somente pelo STF, de ofício ou por provocação, mediante decisão de dois terços de seus ministros, depois de reiteradas decisões sobre matéria constitucional, e, a partir de sua publicação na imprensa oficial, terá efeito vinculante em relação aos demais órgãos do Poder Judiciário e à administração pública direta e indireta, nas esferas federal, estadual e municipal, podendo ser revista ou cancelada pelo STF, na forma estabelecida em lei.

Note-se que o efeito vinculante da ADIn e o efeito vinculante da súmula editada pelo STF terão as mesmas conseqüências, ou seja, vincularão as decisões dos demais órgãos do Poder Judiciário e da administração pública, em todos os seus níveis. Entretanto, diferentemente do efeito vinculante da decisão da ADIn, que é uma conseqüência de seu próprio julgamento, para atribuir efeito vinculante a uma súmula editada pelo STF, inicialmente são necessárias reiteradas decisões do tribunal sobre a matéria constitucional (em sede de controle difuso), desde que dois terços de seus membros decidam por sua edição. Assim, para que haja efeito vinculante em matéria objeto de ADIn, basta uma única decisão de mérito do STF, enquanto para editar a súmula vinculante, além da decisão de dois terços dos ministros, são necessárias reiteradas decisões do tribunal no mesmo sentido.

Outra diferença é a possibilidade de aprovação, revisão e cancelamento da súmula, que poderão ser provocados pelos legitimados para proporem ADIn (art. 103, CF), sem prejuízo de outros legitimados que a lei estabelecer para esse intuito.

Ação direta de inconstitucionalidade interventiva

O Brasil adotou a forma federativa de Estado, incluindo-a como cláusula pétrea em sua Constituição (art. 60, § 4.º, I). Portanto, no Brasil, os

Estados membros, os Municípios e o Distrito Federal detêm autonomia política, administrativa e legislativa.

Excepcionalmente, a Constituição Federal prevê a possibilidade de intervenção de um ente superior, quebrando essa autonomia. Isso ocorre em caráter sancionatório, quando um dos entes federados desrespeitar um dos princípios sensíveis consagrados no artigo 34, VII, da CF. São eles:

- a forma republicana, o sistema representativo e o regime democrático;
- os direitos da pessoa humana;
- a autonomia municipal;
- a prestação de contas da administração pública direta e indireta;
- a aplicação do mínimo exigido da receita resultante de impostos estaduais, compreendida a proveniente de receitas de transferência, na manutenção e desenvolvimento do ensino e nas ações e serviços públicos de saúde.

Esses princípios são denominados sensíveis porque seu descumprimento pelos Estados membros autoriza a intervenção federal.

Com a edição da EC 45/04, cabe também ao STF decretar a intervenção por meio de um processo judicial de iniciativa do procurador-geral da República quando um Estado membro recusar-se a executar lei federal (art. 36, III, CF). Assim, qualquer lei ou ato normativo que viole tais princípios poderá ser passível de controle concentrado de constitucionalidade, pela ação interventiva, que tem legitimação exclusiva do procurador-geral da República. Este recebe eventuais representações e decide, discricionariamente, sobre o arquivamento ou não do pedido.

Tal ação pretende, além da declaração de inconstitucionalidade da lei ou ato normativo estadual, a decretação de intervenção no Estado, constituindo um dos poucos exemplos de controle concentrado no STF no sistema difuso, ou seja, em um caso concreto, o que torna inviável concessão de liminar.

O STF, após o julgamento da ação interventiva, suspende a execução do ato impugnado. Caso essa medida não seja suficiente para restabelecer o *status quo ante,* será decretada a intervenção, realizada pelo presidente da República.

Ação direta de inconstitucionalidade por omissão

Essa ação tem por objetivo suprir a omissão dos poderes constituídos que deixaram de elaborar norma regulamentadora que viabilizaria o pleno exercício de normas dispostas na Constituição Federal.

O artigo 103, § 2.º, da CF estabelece que, declarada a inconstitucionalidade por omissão, será dada ciência ao poder competente para a adoção das providências necessárias, sem haver nenhuma responsabilização para o caso de não atendimento da medida, pois seu conteúdo é meramente declaratório, e, em se tratando de órgão administrativo, para fazê-lo no prazo de 30 dias, o que dará ensejo à responsabilidade, tendo em vista se tratar de natureza mandamental.

Portanto, caso a mora que torne ineficiente a norma constitucional seja de responsabilidade de um órgão administrativo, este terá prazo de 30 dias para saná-la, sob pena de ser responsabilizado se, passado esse prazo, quedar-se inerte.

Contudo, se a mora for do próprio Poder Legislativo, este não terá prazo para saná-la, uma vez que legislar é sua atribuição típica, e o Poder Judiciário não poderá interferir no exame da conveniência e oportunidade dos atos do Poder Legislativo, sob pena de afrontar o princípio da separação dos poderes, previsto no artigo 2.º da CF.

Declarada a omissão legislativa, fica caracterizada judicialmente a mora, com efeitos *erga omnes* e *ex tunc*, podendo existir responsabilização do Poder Legislativo, e, se dessa mora ocorrer prejuízo, haverá reparação em perdas e danos.

LEGITIMIDADE E PROCEDIMENTO

Os legitimados para propor a ADIn por omissão são os mesmos da ADIn genérica, previstos no artigo 103 da CF.

Não cabe medida liminar, pois não se concede por cautela o que não pode se dar por mérito, tendo em vista se tratar de mera declaração de omissão legislativa, como também não há a atuação do advogado-geral da União, pois não existe ato para ser defendido.

Ação declaratória de constitucionalidade

Introduzida pela EC 03/93, a ação declaratória de constitucionalidade (ADC) visa à declaração da constitucionalidade de lei ou ato normativo federal, excluída, portanto, a possibilidade de ingresso de ADC de lei ou ato normativo estadual.

O objetivo dessa ação é transferir ao STF a decisão sobre a constitucionalidade de lei ou ato normativo federal que está sendo atacado por juízes singulares e tribunais inferiores. Caso o STF julgue a norma constitucional, estará afastando a possibilidade do controle difuso pelo Poder Judiciário ou mesmo a recusa do Poder Executivo em cumprir a norma por entendê-la inconstitucional. Isso porque existe a presunção de que toda lei ou ato normativo são constitucionais, mas essa presunção é relativa, pois, como já mencionado, admite-se o controle de constitucionalidade da referida norma.

Com a procedência da ADC pelo STF, a presunção de constitucionalidade da lei torna-se absoluta, ou seja, não se admite mais a declaração de inconstitucionalidade da norma por juízes e tribunais inferiores no controle difuso nem a recusa do Poder Executivo em cumpri-la, por ter essa decisão efeito vinculante e eficácia *erga omnes*.

LEGITIMIDADE

A legitimidade para propor a ADC era mais restrita e encontrava-se no artigo 103, § 4.º, da CF, revogado pela EC 45/04. Portanto, desde a edição da EC 45/04, os legitimados para a ADC são os mesmos da ADIn, dispostos no artigo 103 da CF.

OBJETO

Na petição inicial da ADC, deve ser juntada prova de controvérsia judicial que coloque em risco a presunção de constitucionalidade de lei ou ato normativo federal, a fim de permitir ao STF que conheça as alegações contrárias e as favoráveis à lei ou ato normativo, constituindo o único modo de não desrespeitar o princípio constitucional do contraditório.

MEDIDA CAUTELAR E EFEITO VINCULANTE NA ADC

Na ADC, cabe medida liminar, por decisão da maioria absoluta dos membros do STF, impedindo que juízes e tribunais não dêem a plena aplicação da lei em questão até a decisão definitiva. Isso porque a Corte Suprema entende também que essa concessão de liminar tem efeito vinculante, ou seja, a decisão cautelar vincula todos os órgãos do Judiciário, e, caso seja necessário, é possível a utilização da reclamação (art. 102, I, "l", CF).

Concedida a medida cautelar, o STF publicará no *Diário Oficial da União*, em dez dias, a parte dispositiva da decisão, devendo julgar a ação no prazo de 180 dias, sob pena de perda da eficácia da medida liminar.

Os efeitos da ADC e da ADIn, disciplinados nos artigos 22 a 28 da Lei 9.868/99, são idênticos, pois os pedidos são exatamente opostos. Enquanto o pedido da ADIn é a declaração de inconstitucionalidade de lei ou ato normativo, na ADC o pedido é de declaração de constitucionalidade. A única diferença é que não é cabível ADC de lei ou ato normativo estadual, como pode ocorrer na ADIn. Por isso mesmo, o artigo 24 da Lei 9.868/99 dispõe que, "proclamada a constitucionalidade, julgar-se-á improcedente a ação direta ou procedente eventual ação declaratória; e, proclamada a inconstitucionalidade, julgar-se-á procedente a ação direta ou improcedente eventual ação declaratória".

Portanto, os efeitos dessas ações são exatamente opostos: a improcedência de uma gera os efeitos da procedência da outra, em razão do caráter dúplice ou ambivalente das referidas ações, pois não importa o tipo de ação que ingressou perante o STF, mas sim a decisão dessa corte acerca da constitucionalidade ou não da lei.

Os efeitos da procedência da ADC são os mesmos da improcedência da ADIn, ou seja, *erga omnes* e *ex tunc*, assim como a improcedência da ADC gera os efeitos da procedência da ADIn, isto é, *erga omnes* e *ex tunc*, podendo o STF, por razões de segurança jurídica ou excepcional interesse social, por maioria de dois terços de seus membros, restringir os efeitos da declaração ou decidir que ela só tenha eficácia a partir de seu trânsito em julgado ou de outro momento que venha a ser fixado.

EFEITOS DA DECISÃO DO STF

As decisões definitivas de mérito do STF produzirão eficácia *erga omnes* e efeito vinculante em relação aos demais órgãos que compõem o Judiciário. Poderão ocorrer, ainda, duas situações. Uma delas é o julgamento pelo STF de procedência parcial da norma, ou seja, declara o STF que parte da norma é constitucional e a outra parte deve ser retirada do ordenamento jurídico. Outra é quando o tribunal julgar a ação procedente desde que interpretada de determinada maneira, que é denominada "interpretação conforme a Constituição", tornando a interpretação dada vinculante aos demais órgãos do Judiciário, com base no princípio da conservação das normas, impondo ao intérprete que, havendo "espaço de decisão", segundo a razoabilidade, escolha a alternativa interpretativa que conduza a um juízo de compatibilidade com a Constituição. Assim, o ato será constitucional desde que interpretado de tal forma apontada pelo STF, assim como será inconstitucional se interpretado de maneira distinta.

Exemplo: o artigo 90 da Lei 9.099/95, a qual instituiu os juizados especiais cíveis e criminais, dispõe que a referida lei não se aplica aos processos com instrução processual já iniciada. No entanto, como a lei trouxe disposições mais benéficas, deve retroagir, por força da retroatividade da lei penal mais benéfica (art. 5.º, XL, CF), e, assim, o Conselho Federal da OAB ingressou com uma ADIn. A posição do STF levou a uma interpretação conforme a Constituição: o artigo 90 é constitucional, **desde que** se refira às questões processuais, mas as situações penais não devem ser levadas em conta, pois a lei penal retroage para beneficiar o réu, e a lei processual penal não. Portanto, só com essa interpretação é que o artigo 90 da Lei 9.099/95 será constitucional.

Argüição de descumprimento de preceito fundamental

Estabelecida pela Constituição Federal em seu artigo 102, § 1.º, e regulamentada pela Lei 9.882/99, a argüição de descumprimento de preceito fundamental (ADPF) é dividida em duas espécies: autônoma e incidental.

ADPF AUTÔNOMA

Prevista no artigo 1.º, *caput* da Lei 9.882/99, deve ser proposta perante o STF com o objetivo de evitar ou reparar lesão a preceito fundamental decorrente de ato ou omissão do Poder Público.

Objeto

Poderão ser objeto da ADPF autônoma: qualquer ato normativo, inclusive leis municipais; atos normativos anteriores à Constituição de 1988; outros atos do Poder Público que não sejam atos normativos (como os atos administrativos); e atos de particulares que sejam comparados aos atos praticados por autoridades públicas, quando descumprirem preceito fundamental disposto na CF.

É visível a maior amplitude da ADPF ante as demais ações de controle abstrato de constitucionalidade, uma vez que é cabível em face de leis municipais, atos normativos anteriores à atual Constituição, atos administrativos e até atos de particulares que sejam comparados aos atos praticados por autoridades públicas.

Pressupostos

- **Descumprimento de preceito fundamental** – A conceituação de "preceito fundamental" é difícil. Primeiramente, "preceito" não se encaixa perfeitamente no conceito de princípios ou de regras. Além disso, o preceito deve ser fundamental. Nas palavras de Luís Roberto Barroso (*O controle de constitucionalidade no Direito brasileiro*, p. 222):

> A expressão "preceito fundamental" importa no reconhecimento de que a violação de determinadas normas – mais comumente princípios, mas eventualmente regras – traz maiores conseqüências ou traumas para o sistema jurídico como um todo.

Portanto, é inegável, na Constituição Federal, o caráter de preceito fundamental nos artigos 1.º a 5.º, como também nas cláusulas pétreas do artigo 60, § 4.º, e nos princípios sensíveis dispostos no artigo 34, VII. Mesmo assim, o conceito de preceito fundamental é vago, uma vez que nesses artigos podem estar inseridas disposições que não necessariamente se caracterizam como preceitos fundamentais, pois seu descumprimento não afeta a essência do próprio texto constitucional. Por isso, arremata Luís Roberto Barroso (*idem, ibidem*):

> Não se trata de um catálogo exaustivo, como natural, mas de parâmetros a serem testados à vista das situações da vida real e das argüições que serão apreciadas pelo Supremo Tribunal Federal.

Por conseguinte, só mesmo analisando o caso individualmente é que se pode chegar à conclusão se o ato objeto de ADPF viola ou não preceito fundamental da Constituição.

- **Subsidiariedade** – O artigo 4.º, § 1.º, da Lei 9.882/99 disciplina que a ADPF é admitida quando não houver outro meio eficaz de sanar a lesividade. Assim, em uma primeira análise, só seria cabível ADPF se outra ação não pudesse solucionar a questão.
Existem, porém, três posições diferenciadas a respeito do caráter subsidiário da ADPF. A primeira discorda dele, sob o argumento de que não pode a lei infraconstitucional limitar materialmente a previsão constitucional da ADPF. A segunda posição é radicalmente a favor da subsidiariedade, baseada na literalidade da lei. Para a terceira posição, intermediária, devem-se levar em conta os demais processos do sistema constitucional, pois, se essas medidas não forem idôneas a produzir solução imediata e abrangente como a da ADPF (que tem efeito vinculante e eficácia *erga omnes*), não há que se falar em subsidiariedade dessa ação.

Legitimidade

Os legitimados para propor a ADPF autônoma são os mesmos elencados no rol do artigo 103 da CF, ou seja, os mesmos da ADIn e da ADC, por conta do veto presidencial ao artigo 2.º, II, da Lei 9.882/99, que dava legitimidade a qualquer pessoa que fosse lesada por ato público.

Efeitos

A decisão proferida possui eficácia *erga omnes* e efeito vinculante em relação ao Poder Público.

ADPF INCIDENTAL

Essa outra espécie de ADPF, disposta no artigo 1.º, parágrafo único, I, da Lei 9.868/99, é cabível quando for relevante o fundamento da controvérsia constitucional sobre lei ou ato normativo federal, estadual ou municipal, incluídos os anteriores à Constituição.

Objeto

Importante salientar que, em análise do artigo 1.º, parágrafo único, I, da Lei 9.868/99, o objeto nessa modalidade é mais restrito que o da ADPF autônoma, prevista no *caput* do mesmo artigo, tendo em vista que apenas atos normativos podem ser questionados. Assim, caberá, também, ADPF "quando for relevante o fundamento da controvérsia constitucional sobre lei ou ato normativo federal, estadual ou municipal, incluídos os anteriores à Constituição" (art. 1.º, parágrafo único, I, Lei 9.868/99).

Conforme observa André Ramos Tavares (Tavares, André Ramos & Rothenburg, Walter Claudius (orgs.), *Argüição de descumprimento de preceito fundamental: análise à luz da Lei 9.882/99*, p. 73):

> Portanto, só poderá haver pedido de apreciação de atos normativos com o que se configura uma redução do espectro de abrangência da argüição "autônoma", que pode alcançar qualquer ato emanado do Poder Público (art. 1.º, *in fine*).

Pressupostos

Além dos pressupostos da ADPF autônoma (descumprimento de preceito fundamental e subsidiariedade), a ADPF incidental também necessita de relevância do fundamento da controvérsia constitucional. Nesse caso, o STF só conhecerá e julgará a ADPF se esta tiver relevância de fundamento de controvérsia constitucional, ou seja, se o caso tiver repercussão geral, que transcenda as partes do processo, ou pela existência de grande número de processos envolvendo a mesma matéria, seja pela gravidade, seja por seu alcance político, social e jurisdicional.

Legitimidade

Há grande discussão doutrinária quanto aos legitimados para propor a ADPF incidental.

Parte da doutrina e vários julgados do próprio STF entendem que a legitimação da ADPF incidental é a mesma da ADPF autônoma, isto é, os legitimados elencados no artigo 103 da CF. Para essa corrente, tal legitimação decorre do veto presidencial ao artigo 2.º, II, da Lei 9.882/99, que dava legitimidade a qualquer pessoa que fosse lesada por ato público.

Já para outra corrente, à qual nos filiamos, mesmo com o veto presidencial ao aludido artigo, subsiste a possibilidade de qualquer parte de um processo judicial ingressar perante o STF com ADPF incidental. Isso porque, embora o artigo 2.º, II, da Lei 9.882/99 tenha sido vetado, é inócua tal conduta presidencial, pois não vetou o parágrafo único do artigo 1.º da mencionada lei, que entende cabível, também, a ADPF quando for relevante o fundamento da controvérsia constitucional sobre lei ou ato normativo federal, estadual ou municipal, incluídos os anteriores à Constituição.

Ora, claramente subsiste a ADPF incidental; esta, por sua própria essência e, independentemente de lei, não pode ter os mesmos legitimados da ADPF autônoma.

Em Resumo

Controle de Constitucionalidade

Controle de constitucionalidade é a verificação de adequação e compatibilidade entre um ato legislativo ou normativo à lei e à Constituição.

Formas de inconstitucionalidade
Existem duas formas de inconstitucionalidade: por ação e por omissão.

Poderes e controle de constitucionalidade
- **Controle de constitucionalidade pelo Poder Legislativo:** Comissão de Constituição e Justiça (CCJ).
- **Controle de constitucionalidade pelo Poder Executivo:** veto jurídico.
- **Controle de constitucionalidade pelo Poder Judiciário:** provocação do Poder Judiciário, tendo em vista que a lei já existe no ordenamento jurídico.

Controle preventivo e repressivo de inconstitucionalidade
A diferença entre essas espécies de controle está no momento de sua efetiva realização. Se o controle de constitucionalidade for exercido antes do ingresso da norma no ordenamento jurídico, será preventivo; se ocorrer sob norma já existente, será repressivo.

Meios de controle de constitucionalidade
- **Controle difuso, incidental ou por via de exceção** – Nesse meio de controle de constitucionalidade, qualquer juiz ou tribunal pertencente ao Poder Judiciário pode, ao analisar um caso concreto, averiguar a compatibilidade da norma em questão com a Constituição Federal.
  Efeitos da decisão: *inter partes* e com efeito *ex tunc.*
  A decisão proferida para as partes pode estender-se para todos (*erga omnes*), conforme prevê o artigo 52, X, da CF.
- **Controle de constitucionalidade principal, abstrato, por via de ação, ou concentrado** – A alegação de inconstitucionalidade é fundamento do pedido de declaração de inconstitucionalidade do ato. Assim, a controvérsia constitucional é o próprio objeto da lide, que visa à declaração de constitucionalidade ou inconstitucionalidade da lei em tese geral e abstrata, *erga omnes*. Por essa razão, em regra, tal controle

é exercido sob o critério concentrado, ou seja, por apenas um órgão de cúpula. No Brasil, essa atribuição foi dada ao STF no artigo 102 da CF.
Efeitos da decisão: *erga omnes* e, em regra, *ex tunc*.
São várias as formas existentes, contempladas pela Constituição, para o exercício dessa espécie de controle de constitucionalidade: ação direta de inconstitucionalidade (art. 102, I, "a"), ação direta de inconstitucionalidade interventiva (art. 36, III), ação direta de inconstitucionalidade por omissão (art. 103, § 2.º), ação declaratória de constitucionalidade (art. 102, I, "a") e argüição de descumprimento de preceito fundamental (art. 102, § 1.º).

Preste Atenção

1. O parágrafo 2.º do artigo 102 da CF refere-se aos efeitos da ação direta de inconstitucionalidade (ADIn) e da ação declaratória de constitucionalidade (ADC), que produzirão efeitos contra todos (*erga omnes*) e efeito vinculante relativamente aos demais órgãos do Poder Judiciário e à administração pública direta e indireta, nas esferas federal, estadual e municipal.

2. A principal alteração do artigo 103 da CF foi a revogação de seu parágrafo 4.º, que dispunha sobre a legitimidade da ADC. Assim, os legitimados da ADC são os mesmos que os do rol da ADIn.

19

Processo Legislativo

Segundo José Afonso da Silva (*op. cit.*, p. 522), entende-se por processo legislativo:

> O conjunto de atos (iniciativa, emenda, votação, sanção e veto) realizados pelos órgãos legislativos visando à formação das leis constitucionais, complementares e ordinárias, resoluções e decretos legislativos. Tem, pois, por objeto, nos termos do artigo 59, a elaboração de emendas à Constituição, leis complementares, leis ordinárias, leis delegadas, medidas provisórias, decretos legislativos e resoluções.

Portanto, a própria Constituição Federal, em seu artigo 59, define o procedimento dos atos legislativos para a formação das espécies legislativas: emendas constitucionais, leis complementares, leis ordinárias, leis delegadas, medidas provisórias, decretos legislativos e resoluções.

Emendas constitucionais

Conforme já estudado, a Constituição de 1988, quanto à estabilidade, é considerada rígida, pois, para ser alterada, requer procedimento mais formal e solene que as outras espécies normativas. Por conta dessa forma mais dificultosa de alteração da Constituição, esta, para ser emendada, detém uma série de limites expressos pelo poder constituinte originário na própria CF, mais precisamente em seu artigo 60. Assim, as emendas constitucionais que alteram o texto da Constituição ingressam no ordenamento jurídico com *status* de norma constitucional, porém, se desrespeitarem os limites expressos na Constituição, poderão ser declaradas inconstitucionais.

Portanto, é plenamente possível o controle de constitucionalidade das emendas constitucionais, sobretudo a análise do respeito dos limites traçados pelo artigo 60 da CF. Também é possível a existência de normas constitucionais inconstitucionais, desde que provenientes do poder constituinte derivado, que não respeita os limites traçados pelo poder constituinte originário para alterá-las.

Limites às emendas

LIMITES PROCEDIMENTAIS OU FORMAIS

O *caput* do artigo 60 da CF prevê a possibilidade de emenda constitucional, mas somente mediante proposta:

- de um terço dos membros da Câmara dos Deputados ou do Senado Federal (natureza coletiva);
- do presidente da República (natureza singular);
- de mais da metade das Assembléias Legislativas das unidades da Federação, manifestando-se, cada uma delas, pela maioria relativa de seus membros (natureza coletiva).

Importante observar que esse limite diminui o rol de legitimados para apresentar proposta de emenda constitucional quando em comparação com os legitimados para apresentar projetos de leis ordinárias e complementares dispostos no artigo 61 da CF.

No § 2.º do artigo 60, encontram-se os limites procedimentais relativos à votação. A proposta de emenda será discutida e votada em cada Casa do Congresso Nacional (Câmara e Senado) em dois turnos, necessitando, para ser aprovada, de três quintos dos votos dos membros de cada Casa. Logo, uma emenda só será aprovada se votada quatro vezes por três quintos da maioria absoluta.

Esse é o principal limite que impõe a rigidez das normas constitucionais da Constituição de 1988, pois esta necessita de *quorum* mais rígido e solene de alteração que o das demais formas de alteração de normas infraconstitucionais.

No § 3.º do artigo 60, há o limite procedimental quanto à promulgação. A emenda será promulgada pelas Mesas da Câmara e do Senado. Dessa maneira, não existe veto presidencial em emenda à Constituição.

Também existem no aludido artigo, em seu § 5.º, os limites temporais. A emenda constitucional rejeitada ou havida por prejudicada não pode ser novamente proposta na mesma sessão legislativa. Vale lembrar que a sessão legislativa corresponde ao ano civil e que uma legislatura corresponde a quatro sessões legislativas.

LIMITES CIRCUNSTANCIAIS

Além dos limites procedimentais, existem os limites circunstanciais, presentes no § 1.º do artigo 60. A Constituição não poderá ser emendada na vigência de intervenção federal, de estado de defesa ou de estado de sítio.

Tais limites explicam-se pelo fato de a intervenção federal, o estado de defesa e o estado de sítio constituírem-se em verdadeiros momentos de crise do próprio Estado brasileiro e, por conseguinte, da própria Constituição. A intenção do poder constituinte originário foi coibir que o poder constituinte derivado se aproveite desses momentos de fragilidade estatal para alterar a Constituição.

LIMITES MATERIAIS

Existem, ainda, os limites materiais, dispostos no § 4.º do mesmo artigo. Determinadas matérias não podem sequer ser objeto de deliberação de emenda tendente a abolir: a forma federativa do Estado; o voto direto, secreto, universal e periódico; a separação dos poderes; os direitos e garantias fundamentais. Trata-se de cláusulas pétreas.

Forma federativa

Assegura a autonomia dos Estados membros da Federação, a capacidade de auto-organização com Constituições próprias (art. 25, CF).

Voto direto, secreto, universal e periódico

A Constituição de 1988 adotou o voto, forma de manifestação do povo, como um de seus corolários. O voto no Brasil é direto, ou seja, compete ao povo brasileiro eleger diretamente seus representantes. Vale lembrar que somente após longos anos de ditadura é que o voto direto para presidente da República foi efetivado pela Constituição de 1988 e consagrado nas eleições presidenciais de 1989.

Antes da promulgação da atual Constituição, houve a tentativa de eleições diretas para presidente, com a Emenda Dante de Oliveira, conjuntamente com uma das últimas grandes manifestações políticas populares no Brasil, as chamadas "Diretas Já!". No entanto, a referida emenda não foi aprovada pelo Congresso Nacional e a eleição presidencial, que culminou com a vitória de Tancredo Neves contra Paulo Maluf, foi realizada indiretamente, ou seja, foram os parlamentares que elegeram Tancredo. Com a introdução do voto direto pela Constituição de 1988, até que esta exista, a votação no país obrigatoriamente será feita pelo povo de forma direta.

Também constituem cláusulas pétreas o voto secreto, pois não há votação aberta pelo voto, e o voto universal. Dessa forma, não existe critério de discriminação proibindo um cidadão brasileiro de votar, abolindo-se o voto censitário.

Como a Constituição consagrou o Brasil como um Estado Democrático de Direito, o voto periódico não poderia ser abolido, uma vez que é inerente ao regime democrático a periodicidade no poder.

Não são todas as características do voto que foram elevadas à condição de cláusula pétrea e, por isso, são passíveis de modificação pelo poder constituinte derivado.

Portanto, proposta de emenda que torne o voto facultativo é plausível, pois não se encaixa em nenhuma das características do voto elencadas no inciso II do § 4.º do artigo 60 da CF.

Separação dos poderes

O poder é uno, mas suas funções são tripartidas entre os três poderes (Legislativo, Executivo e Judiciário). Não pode haver emenda abolindo um dos poderes ou mesmo retirando competência originária de um poder e delegando-a a outro, pois tal emenda tenderia a abolir a separação dos poderes.

Direitos e garantias fundamentais

São os direitos individuais (art. 5.º, CF), os direitos sociais (art. 7.º, CF) e os direitos políticos (arts. 13 e segs., CF). Destaque-se que os direitos individuais consagrados no artigo 5.º são cláusulas pétreas e, portanto, nunca poderão ser modificadas pelo poder constituinte derivado.

Leis complementares e ordinárias

Antes de tratarmos propriamente dessas espécies normativas, vale analisar o procedimento de sua formação, que compreende as fases introdutória, constitutiva, deliberativa e complementar.

Fase introdutória

Conforme lição de Alexandre de Moraes (*op. cit.*, p. 572):

> Iniciativa de lei é a faculdade que se atribui a alguém ou a algum órgão para apresentar projetos de lei ao Legislativo, podendo ser parlamentar ou extraparlamentar e concorrente ou exclusiva.

A Constituição elenca o rol de legitimados para propor projetos de leis complementares e ordinárias no artigo 61, *caput*. São eles:

- qualquer membro ou comissão da Câmara dos Deputados;
- qualquer membro ou comissão do Senado Federal;
- qualquer membro ou comissão do Congresso Nacional;
- o presidente da República;
- o STF;
- os tribunais superiores;
- o procurador-geral da República;
- os cidadãos, na forma e nos casos previstos na Constituição.

Ressalte-se a natureza parlamentar na iniciativa de leis por qualquer membro ou comissão da Câmara dos Deputados, do Senado Federal ou do Congresso Nacional, assim como a natureza extraparlamentar conferida ao presidente da República, ao STF, aos tribunais superiores, ao procurador-geral da República e aos cidadãos – estes últimos formam a iniciativa popular de leis.

INICIATIVA CONCORRENTE DE LEIS

Conforme demonstrado, a iniciativa de leis complementares ou ordinárias compete a qualquer um dos legitimados do rol do artigo 61, *caput*.

Quando não há reserva de competência, isto é, qualquer um dos legitimados pode apresentar projetos de leis sobre determinada matéria, diz-se que a iniciativa de lei é concorrente, ou seja, pertence aos variados legitimados.

INICIATIVA EXCLUSIVA DE LEIS

Nesse caso, a competência é tão-somente de um dos entes elencados como legitimados.

INICIATIVA DE LEI DO PODER JUDICIÁRIO

Compete privativamente ao Poder Judiciário, isto é, ao STF, aos tribunais superiores e aos Tribunais de Justiça, propor ao respectivo Poder Legislativo, desde que respeitados o artigo 169 da CF e a Lei de Responsabilidade Fiscal (LC 101/00), a criação e a extinção de cargos, a remuneração de seus serviços auxiliares e dos juízos vinculados, bem como a fixação do subsídio de seus membros e dos juízes.

A fixação do subsídio dos ministros do STF também será estabelecida por lei, de iniciativa do presidente do STF, conforme os artigos 96, II, "b", e 48, XV, modificados pela EC 41/03. O subsídio mensal dos ministros do STF é o teto máximo para o funcionalismo público, aplicando-se como limite:

- nos Municípios, o subsídio do prefeito;
- nos Estados e no Distrito Federal, o subsídio mensal do governador no âmbito do Poder Executivo;
- o subsídio dos deputados estaduais e distritais no âmbito do Poder Legislativo;
- o subsídio dos desembargadores do Tribunal de Justiça, limitado a 90,25% do subsídio mensal, em espécie, dos ministros do STF, no âmbito do Poder Judiciário, aplicável também aos membros do Ministério Público, aos procuradores e aos defensores públicos.

A iniciativa exclusiva, em todos esses casos, está intimamente ligada à separação dos poderes e, por conseqüência, à autonomia administrativa e financeira do Poder Judiciário, que não pode sofrer alterações pelos demais poderes.

INICIATIVA DE LEI DO PRESIDENTE DA REPÚBLICA

Conforme o artigo 61, § 1.º, da CF, é de iniciativa privativa do presidente da República as leis que:

- fixem ou modifiquem os efetivos das Forças Armadas;
- disponham sobre:
  - criação de cargos, funções ou empregos públicos na administração direta e autárquica ou aumento de sua remuneração;
  - organização administrativa e judiciária, matéria tributária e orçamentária, serviços públicos e pessoal da administração dos Territórios;
  - servidores públicos da União e Territórios, seu regime jurídico, provimento de cargos, estabilidade e aposentadoria;
  - organização do Ministério Público e da Defensoria Pública da União, bem como normas gerais para a organização do Ministério Público e da Defensoria Pública dos Estados, do Distrito Federal e dos Territórios;
  - criação e extinção de ministérios e órgãos da administração pública, observado o disposto no artigo 84, IV, da CF;
  - militares das Forças Armadas, seu regime jurídico, provimento de cargos, promoções, estabilidade, remuneração, reforma e transferência para reserva.

Dentre essas competências legislativas que podem ser apresentadas apenas pelo presidente da República, destaca-se a proposta orçamentária, respeitando tão-somente os dispositivos constitucionais, a lei de diretrizes orçamentárias e o plano plurianual, e, caso haja interferência dos demais poderes, ocorrerá vício de inconstitucionalidade formal.

Paralelamente, essa reserva de iniciativa de lei aplica-se também aos Estados membros e aos Municípios, competindo, respectivamente, ao governador e ao prefeito tal disciplina legal. A mesma exclusividade se coloca ao regime jurídico dos servidores públicos, que também não podem ser disciplinados por lei de iniciativa de outro ente, sob pena de inconstitucionalidade formal. Contudo, o artigo 61 não consagrou a legislação exclusiva dos chefes do Poder Executivo para matéria tributária, que pode ser objeto de projeto de lei de iniciativa concorrente.

INICIATIVA DE LEI DO MINISTÉRIO PÚBLICO

A independência e a autonomia do Ministério Público, deflagradas pela Constituição de 1988, foram elevadas com a possibilidade de iniciativa de leis. Assim, cabe ao próprio Ministério Público a iniciativa de leis para criação e extinção de seus cargos e serviços auxiliares, como também para dotação orçamentária própria.

Mesmo a organização dos Ministérios Públicos da União, do Distrito Federal e dos Territórios, que é da competência exclusiva do presidente da República, sofreu limitação do artigo 128, § 5.º, da CF, que confere ao procurador-geral da República essa mesma competência, tornando-a concorrente.

INICIATIVA POPULAR DE LEI

Conforme o artigo 14, III, da CF, a soberania popular pode ser exercida mediante iniciativa popular de leis. Tal iniciativa está prevista no artigo 61 da CF, que estabelece, em seu § 2.º, que o projeto de lei de iniciativa popular deve ser subscrito por, no mínimo, 1% do eleitorado nacional, dividido em pelo menos cinco Estados da Federação, com não menos de 0,3% de eleitores de cada um deles.

Assim, torna-se muito difícil o exercício da legitimidade popular para apresentação do projeto de lei à Câmara dos Deputados. Entre os raros projetos que conseguiram atingir essa forma estão o PL 4.146/93, encabeçado pela escritora de novelas Glória Perez, que incluiu o homicídio qualificado na Lei de Crimes Hediondos, e o PL 1.517/99, de iniciativa da Conferência Nacional dos Bispos do Brasil (CNBB), que combate a corrupção eleitoral.

Fase constitutiva

Essa fase, que ocorre após a apresentação do projeto de lei pelos legitimados, caminha perante o Congresso Nacional em suas duas Casas: Câmara dos Deputados e Senado Federal.

Como regra, a Casa onde se inicia a discussão e a votação do projeto é a Câmara dos Deputados, restando ao Senado Federal o papel de Casa revisora. Tal ordem vale para os projetos de lei de iniciativa popular (art. 61, § 2.º), assim como para os de iniciativa do presidente da República, do STF e dos tribunais superiores (art. 64, *caput*).

Inicialmente, o projeto de lei segue para uma fase preliminar na Comissão de Constituição e Justiça, que analisa a constitucionalidade do projeto. Posteriormente, há a análise de mérito do projeto pelas comissões temáticas. As próprias comissões podem, na forma de seu regimento interno, dispensar a apreciação do plenário de projeto de lei, ressalvada a possibilidade de recurso de um décimo dos membros da Casa. Se não for o caso de dispensa do plenário, o projeto é enviado à votação do referido pleno, onde é discutido e votado. Uma vez aprovado o projeto na Casa iniciadora, este segue para a Casa revisora, passando pelos mesmos trâmites até chegar à votação pelo plenário. Caso a Casa revisora aprove o projeto de lei, este vai para o presidente da República, que poderá vetá-lo ou sancioná-lo, como adiante se verá. Caso a Casa revisora rejeite o projeto, este não poderá ser reapresentado na mesma sessão legislativa. Essa regra é atenuada se o novo projeto for reapresentado pela maioria absoluta dos deputados federais ou senadores, conforme o artigo 67 da CF.

Como o Congresso Nacional é do tipo bicameral, se a Casa revisora aprovar o projeto com alterações, obrigatoriamente deve o projeto retornar à Casa iniciadora, para que aprove ou rejeite definitivamente as alterações. Essas alterações feitas pelas Casas do Congresso são denominadas emendas, que podem ser de várias formas:

- **Emendas supressivas** – Retiram parte da proposta ou projeto.
- **Emendas aditivas** – Acrescem algo à proposta ou projeto.
- **Emendas aglutinativas** – Fusão de emendas entre si, ou mesmo com o texto inicial.
- **Emendas modificativas** – Alteram a proposta, mas não substancialmente.
- **Emendas substitutivas** – Substituem uma parte da proposição; caso essa substituição altere substancial ou formalmente o projeto, este será denominado substituto.
- **Emendas de redação** – Servem simplesmente para sanar eventual erro ou vício de linguagem ou incorreção técnica.

Embora a Casa revisora possa apresentar emendas às proposições originais, a decisão que prevalece nesses casos é a da Casa iniciadora.

Após a aprovação do projeto, este vai para o autógrafo, que é o documento formal que prova a aprovação parlamentar do projeto de lei.

PRAZO PARA O CONGRESSO NACIONAL APRECIAR PROJETO DE LEI (EM REGIME DE URGÊNCIA)

A Constituição Federal não determinou prazo para que o Poder Legislativo delibere sobre o projeto de lei, mas possibilitou ao presidente da República, nos projetos por ele apresentados e desde que solicite ao Congresso Nacional, a urgência na apreciação pelo Poder Legislativo.

Cada Casa Legislativa terá o prazo de 45 dias para apreciação do projeto, e eventuais emendas deverão ser analisadas em dez dias. Na hipótese de a Casa Legislativa não apreciá-lo dentro do prazo determinado, o projeto entrará em regime de urgência sobrestando todos os feitos da respectiva Casa, exceto matéria com prazo determinado. Essa possibilidade não existe em período de recesso ou na apreciação de códigos.

Fase deliberativa

Como já mencionado, se as duas Casas aprovaram o projeto de lei, ou mesmo a Casa iniciadora rejeitou as emendas apresentadas, o projeto é enviado ao presidente da República, que poderá sancioná-lo ou vetá-lo.

SANÇÃO

É a concordância do presidente da República com o texto do projeto de lei aprovado pelo Congresso Nacional. A sanção pode ser:

- **Sanção expressa** – Quando o presidente da República expressamente concorda com o projeto de lei no prazo de 15 dias úteis.
- **Sanção tácita** – Quando, passado o prazo de 15 dias, o presidente silencia-se a respeito do projeto de lei.

VETO

O presidente da República pode, dentro do prazo de 15 dias a contar do recebimento do projeto de lei, discordar expressamente dele. Essa discordância é denominada veto.

Como todo ato da administração, o veto deve ser motivado por razões políticas, jurídicas, ou político-jurídicas. Quando o veto ocorre por razões jurídicas, é forma de controle de constitucionalidade.

O veto pode incidir sobre o projeto de lei como um todo ou parcialmente, alcançando texto integral de artigo, parágrafo, inciso ou alínea.

Tramitação do veto no Congresso Nacional

Vetado parcialmente o projeto de lei, a parte sancionada pelo presidente da República deverá, em 48 horas, ser promulgada e publicada. Entretanto, a parte que foi vetada (ou mesmo todo o projeto, se o veto for total) será apreciada em sessão conjunta pela Câmara dos Deputados e pelo Senado Federal, ou seja, a apreciação do veto se dá pelo Congresso Nacional, que poderá, por maioria absoluta de seus membros, derrubar o veto, encaminhando o projeto para promulgação do presidente da República. Caso não seja alcançada a maioria absoluta com o intuito de derrubar o veto presidencial ao projeto de lei, este será arquivado.

Fase complementar

Terminada a fase deliberativa do projeto de lei, em que foi superada a votação pelo Congresso Nacional, como também a possibilidade de veto do presidente da República, passa-se à fase complementar, que compreende a promulgação e a publicação.

PROMULGAÇÃO

Confere garantia à execução da lei. Corresponde a uma declaração de existência da lei, que, por isso, deve ser obrigatoriamente cumprida. Note-se que, para a maioria da doutrina, a lei já existe na promulgação; esta só declara sua obrigatoriedade. A autoridade competente para sancionar uma lei é o presidente da República, que tem o prazo de 48 horas, contado da sanção expressa ou tácita ou mesmo da comunicação da derrubada do veto pelo Congresso, para fazê-lo. Caso não cumpra esse prazo, a competência transfere-se ao presidente do Senado e, sucessivamente, ao vice-presidente do Senado.

PUBLICAÇÃO

Concede notoriedade à lei. É dirigida a todos, tornando-se de conhecimento público quanto a sua existência e conteúdo, que consiste em condição de eficácia da lei. Na data da publicação, inicia o prazo para a entrada em vigência da lei (*vacatio legis*). Salvo disposição em contrário e no silêncio da lei, esse prazo é de 45 dias (nos outros países é de três meses).

Medida provisória

Prevista no artigo 62 da CF, essa espécie normativa é adotada pelo presidente da República quando presentes os requisitos de relevância e urgência.

Tem força de lei, devendo ser submetida de imediato ao Congresso Nacional.

Desde sua edição, a medida provisória tem vigência por 60 dias, podendo ser prorrogada uma única vez por igual período, salvo durante o recesso parlamentar, em que esse prazo fica suspenso. Assim, uma medida provisória poderá exceder o prazo determinado expressamente pela Constituição se for editada antes do recesso parlamentar, exceto se houver convocação extraordinária do Congresso Nacional durante o recesso, pois nesse caso as Casas Legislativas estão funcionando e os prazos fluem normalmente.

Embora o prazo da medida provisória seja de 60 dias, se ela não for apreciada em até 45 dias, contados de sua publicação, entrará em regime de urgência. Durante o regime de urgência, as Casas do Congresso Nacional terão o prazo de 15 dias sucessivos para apreciar a medida provisória. Enquanto isso não ocorrer, todas as deliberações, incluindo votação de propostas de emendas constitucionais e projetos de lei, da Casa que estiver analisando a medida provisória ficarão sobrestadas até que se termine a votação. Assim, o regime de urgência durante a tramitação da medida provisória pode durar 15 dias, ou mesmo 75 dias, caso a medida provisória seja reeditada.

Tramitação da medida provisória

Editada a medida provisória, esta é imediatamente submetida ao Congresso Nacional para deliberação e votação. Antes, porém, passa por uma comissão mista de deputados e senadores, que apresenta parecer favorável ou contrário à medida. Após o parecer, a medida provisória é encaminhada à Câmara dos Deputados para análise da presença dos requisitos de relevância e urgência e, depois, para votação, que necessita de maioria simples para ser aprovada. Aprovada na Câmara dos Deputados, a medida provisória é encaminhada para o Senado Federal, onde passa pelos mesmos trâmites.

Votação da medida provisória e suas conseqüências

Após a tramitação e votação da medida provisória, podem ocorrer quatro situações:

- **Aprovação da medida provisória** – Aprovada a medida provisória, esta é convertida em lei, com a devida promulgação pelo presidente do Senado e a publicação pelo presidente da República. Após esse trâmite, a medida provisória que tinha força de lei passa a ser lei.
- **Aprovação da medida provisória com alterações** – Durante a votação no Congresso Nacional, a medida provisória pode sofrer emendas dos parlamentares, que alteram o texto inicial editado pelo presidente da

República, tendo em vista que o Poder Legislativo não pode se sujeitar a todas as vontades do Poder Executivo, sob pena de desrespeito ao princípio da separação dos poderes. Portanto, é possível que os parlamentares alterem substancialmente o texto inicial da medida provisória e, nesse caso, ela se torna projeto de lei de conversão e, como todo projeto de lei, é remetida ao presidente da República para que a sancione ou vete.

- **Rejeição expressa da medida provisória** – O Congresso Nacional, durante a tramitação da medida provisória em suas Casas Legislativas, pode rejeitar a medida por votação expressa, ou seja, a medida provisória não atingiu a maioria simples para ser aprovada.
- **Rejeição tácita da medida provisória** – Essa modalidade de rejeição marca a diferença fundamental de tal espécie normativa com a extinta figura do decreto-lei. A não votação pelo Congresso Nacional da medida provisória dentro de seu prazo de vigência acarreta sua revogação, não por votação expressa, mas justamente por não ter sido votada. Assim, pode-se afirmar que não existe aprovação da medida provisória por decurso de prazo.

EFEITOS DA REJEIÇÃO DA MEDIDA PROVISÓRIA

Rejeitada a medida provisória, esta perde seus efeitos desde sua edição, ou seja, a rejeição da medida provisória é retroativa.

O período em que a medida provisória teve vigência, isto é, deteve força de lei e, por conseguinte, aptidão para produzir efeitos jurídicos, será disciplinado pelo Congresso Nacional no prazo de 60 dias após a rejeição da medida provisória.

Somente no caso de o Congresso Nacional não editar o decreto legislativo disciplinando o período em que a medida provisória surtiu efeitos jurídicos é que sua rejeição será *ex nunc*, ou seja, a própria medida provisória rejeitada continuará disciplinando as relações jurídicas dela decorrentes no período compreendido entre sua edição e sua rejeição.

É vedada a reedição, na mesma sessão legislativa, de medida provisória que tenha sido rejeitada ou perdido a eficácia por decurso de tempo, conforme previsão da CF em seu artigo 62, § 10.º.

Possibilidade de edição de medida provisória por Estados membros e por Municípios

É plenamente possível a edição de medida provisória por chefes do Poder Executivo estadual e municipal, desde que haja previsão nas respectivas Constituições estaduais e leis orgânicas e seja respeitado o modelo traçado pela Constituição Federal.

Limites materiais à medida provisória

A Constituição prevê expressamente as matérias que não poderão ser regulamentadas por medida provisória:

> Art. 62, § 1.º – É vedada a edição de medidas provisórias sobre matéria:
>
> I – relativa a:
>
> a) nacionalidade, cidadania, direitos políticos, partidos políticos e direito eleitoral;
>
> b) direito penal, processual penal e processual civil;
>
> c) organização do Poder Judiciário e do Ministério Público, a carreira e a garantia de seus membros;
>
> d) planos plurianuais, diretrizes orçamentárias, orçamento e créditos adicionais e suplementares, ressalvado o previsto no art. 167, § 3º;
>
> II – que vise a detenção ou seqüestro de bens, de poupança popular ou qualquer outro ativo financeiro;
>
> III – reservada a lei complementar;
>
> IV – já disciplinada em projeto de lei aprovado pelo Congresso Nacional e pendente de sanção ou veto do presidente da República.

Em relação à matéria tributária, a EC 32, de 2001, possibilitou a edição de medidas provisórias para instituição ou majoração de impostos, desde que respeitado o princípio da anterioridade. Outro limite material foi criado pelas Emendas Constitucionais 6 e 7, com o texto do artigo 246 da CF, que vedava expressamente que medida provisória disciplinasse matéria alterada por emenda constitucional a partir de 1995. Essa vedação durou até 2001, com a edição da EC 32, a qual alterou o referido artigo, possibilitando que medida provisória disciplinasse matéria alterada por emenda constitucional após 11 de setembro de 2001. Portanto, a proibição material à medida provisória acerca de disciplinar matéria alterada por emenda constitucional valeu tãosomente entre 1.º de janeiro de 1995 e 11 de setembro de 2001.

Lei delegada

Prevista no artigo 68 da CF, a lei delegada é ato normativo elaborado e editado pelo presidente da República, desde que haja delegação legiferante pelo Poder Legislativo.

Limites à lei delegada

Por força do conteúdo material, algumas matérias não podem ser delegadas ao presidente da República. São elas:

- atos de competência exclusiva do Congresso Nacional;
- atos de competência privativa da Câmara dos Deputados ou do Senado Federal;
- matéria reservada a lei complementar;
- legislação sobre:
  - organização do Poder Judiciário e do Ministério Público e a garantia de seus membros;
  - nacionalidade, cidadania, direitos individuais, políticos e eleitorais;
  - planos plurianuais, diretrizes orçamentárias e orçamentos.

Procedimento

O presidente solicita ao Congresso Nacional a delegação, cuja aprovação necessita de maioria simples. Essa delegação tem a forma de resolução, em que ficam expressas suas regras, como também seus termos ou mesmo restrições, que o presidente da República é obrigado a respeitar; caso contrário, pode o Congresso Nacional sustar a lei delegada por meio de decreto legislativo, desde que a referida lei delegada exorbite os limites fixados pelo Poder Legislativo, conforme previsão constitucional do artigo 49, V.

Depois que o Congresso edita a resolução, esta é encaminhada ao presidente da República, que elabora o texto da lei, promulgando-o e determinando sua publicação. No entanto, há a possibilidade de que, após a elaboração pelo presidente da República, o projeto da lei delegada retorne ao Congresso Nacional para apreciação em votação única, sendo vedada a apresentação de qualquer tipo de emenda. Essa hipótese, denominada delegação atípica ou imprópria, só ocorre se há previsão pelo Congresso Nacional quando edita a resolução.

Decreto legislativo

É a espécie normativa que dá suporte às matérias de competência exclusiva do Congresso Nacional.

Procedimento

O decreto legislativo é discutido e votado nas duas Casas do Congresso

Nacional e promulgado pelo presidente do Senado Federal. Em sua edição, não há participação do presidente da República, por se tratar de matéria de competência do Poder Legislativo.

Incorporação de tratados internacionais no ordenamento jurídico interno

Conforme previsão do artigo 84, VIII, da CF, é da competência privativa do presidente da República celebrar os tratados, convenções e atos internacionais. Contudo, para que eles tenham força normativa interna, é necessário que o Congresso Nacional resolva, definitivamente, acerca dos tratados, acordos ou atos internacionais que acarretem encargos ou compromissos gravosos ao patrimônio nacional (art. 49, I, CF) por meio de decreto legislativo, promulgado pelo presidente do Senado. Após essa ratificação do Congresso Nacional por decreto legislativo, cabe ao presidente da República, mediante decreto presidencial, promulgar o tratado, acordo ou ato internacional, o que garante a aplicação da norma no ordenamento jurídico interno.

Muito se discute sobre a forma de que se reveste o tratado internacional depois de passar por essas fases que culminam com seu ingresso no ordenamento jurídico interno brasileiro. Embora o STF já tenha se pronunciado em alguns casos no sentido de atribuir força de lei infraconstitucional aos tratados, a EC 45/04 inovou ao inserir o § 3.º no artigo 5.º do texto constitucional, que possibilita o ingresso no ordenamento jurídico brasileiro de tratado internacional com *status* de emenda constitucional, desde que:

- verse sobre direitos humanos; e
- seja votado pelo *quorum* estabelecido no artigo 60, § 2.º , da CF, ou seja, discutido e votado em cada Casa do Congresso Nacional (Câmara e Senado) em dois turnos, necessitando, para ser aprovado, de três quintos dos membros de cada Casa, da mesma forma que as emendas constitucionais.

Resolução

É ato normativo do Congresso Nacional ou de uma de suas Casas, geralmente de efeitos internos, salvo previsão da Constituição e desde que não esteja disciplinado por decreto legislativo ou lei. A resolução é utilizada, por exemplo, pelo Senado Federal para a suspensão de execução de lei declarada inconstitucional por decisão definitiva do STF.

Leis orçamentárias

O sistema orçamentário brasileiro está disciplinado nos artigos 165 a 169 da CF, nos quais se indicam as normas utilizadas para o mencionado sistema: lei complementar de caráter financeiro, lei do plano plurianual, lei de diretrizes orçamentárias e lei orçamentária anual, todas de iniciativa do presidente da República e estabelecidas pelo Congresso Nacional.

Lei complementar

Disposta no artigo 165, § 9.º, estabelece verdadeiras normas gerais de direito financeiro, pois todas as leis de caráter orçamentário devem basear-se em seus dispositivos.

Lei do plano anual

É utilizada para que a administração pública federal estabeleça as metas, as diretrizes e os objetivos do orçamento público em programas continuados de forma regionalizada. Seu prazo, modo de elaboração e vigência são disciplinados pela lei complementar.

Lei de diretrizes orçamentárias (LDO)

Prevista pela Constituição Federal no artigo 165, § 2.º, é uma lei anual que objetiva, principalmente, as metas e prioridades da administração pública federal, incluindo as despesas para o exercício financeiro subseqüente. Servindo também como norma orientadora da lei orçamentária anual, dispõe sobre as alterações na legislação tributária e estabelece a política de aplicação das agências financeiras de fomento oficiais.

Lei orçamentária anual

Assim como a LDO, tem previsão anual, compreendendo o orçamento fiscal propriamente dito dos poderes da União, o orçamento de investimento das empresas em que a União detenha a maioria do capital social com direito a voto e o orçamento da seguridade social.

Princípios orçamentários

- **Princípio da exclusividade** – Por força desse princípio, a lei orçamentária deve versar exclusivamente sobre critérios orçamentários, ou seja, fixação de despesas e previsão de receitas, salvo créditos suplementares ou contratação de operações de crédito.

- **Princípio da programação** – O orçamento se assemelha a um programa com objetivos e estudos prévios de alternativas.
- **Princípio do equilíbrio orçamentário** – Embora não esteja previsto na Constituição e muitos autores acreditem que já esteja superado pelo atual sistema orçamentário, baseia-se na relação de equilíbrio entre despesas e receitas previstas para o exercício financeiro. Quando as despesas forem superiores às receitas estimadas, haverá déficit; já quando as receitas excederem as despesas previstas, ocorrerá superávit.
- **Princípio da anualidade** – Pressupõe que a execução do orçamento seja prevista e realizada em um ano. Há quem sustente que a previsão do plano plurianual com duração superior a um ano seja exceção a esse princípio. Entretanto, mesmo que o plano tenha previsão orçamentária superior a um ano, sua execução será realizada anualmente, conforme orçamento anual.
- **Princípio da unidade** – Inicialmente, consistia na obrigatoriedade de o orçamento ser reduzido a um documento único, porém, com a evolução da economia, traduz-se em uma política orçamentária única.
- **Princípio da universalidade** – Está ligado à idéia de orçamento global: um programa universal do orçamento, seus objetivos, sua organização e sua metodologia.
- **Princípio da legalidade** – Conforme o artigo 165 da CF, as leis orçamentárias serão estabelecidas pelo presidente da República, mas, repita-se, devem ser feitas sempre por meio de lei.
- **Princípio da não vinculação** – Proíbe a vinculação de receita de impostos, salvo as previsões constitucionais, como, por exemplo, a destinação de recursos para ações e serviços públicos de saúde e para manutenção de desenvolvimento de ensino.
- **Princípio da quantificação dos créditos orçamentários** – Por força desse princípio, é expressamente proibido pela Constituição Federal, em seu artigo 167, VII, a utilização ou concessão de créditos ilimitados, cabendo ao Poder Legislativo o controle dos gastos do Poder Executivo.

Procedimento das leis orçamentárias

A iniciativa dos projetos de lei orçamentária é do presidente da República, que deve encaminhá-los ao Congresso Nacional, onde serão discutidos por uma comissão mista de deputados e senadores, que emitirá um parecer. Cabe também à comissão uma atividade fiscalizatória, pois, se houver indícios de despesa não autorizada, ainda que sob a forma de investimentos não programados ou de subsídios não aprovados, ela poderá solicitar à autoridade governamental que, no prazo de cinco dias, preste esclarecimentos. Se esses esclarecimentos não forem prestados ou forem insuficientes, a comissão solicitará ao Tribunal de Contas pronunciamento sobre o caso, no prazo de 30 dias. Se o tribunal considerar irregular as mencionadas despesas, devolverá o projeto à comissão, que, se julgar que o gasto possa causar dano irreparável ou grave lesão à economia pública, proporá ao Congresso Nacional sua sustação.

As eventuais emendas aos projetos do plano plurianual, diretrizes orçamentárias e orçamento anual serão feitas pela mencionada comissão, que também emitirá seu parecer, e apreciadas pelo plenário da Câmara dos Deputados e do Senado Federal. Caso a proposta de emenda se relacione com o projeto de lei do orçamento anual, só será aprovada se:

- for compatível com o plano plurianual e com a lei de diretrizes orçamentárias;
- indicar os recursos necessários, mas somente são admitidos os recursos provenientes de anulação de despesa que não incidam sobre dotações para pessoal e seus encargos, serviço da dívida e transferências tributárias constitucionais para Estados, Distrito Federal e Municípios;
- estiver relacionada com a correção de erros ou omissões ou com os dispositivos do texto do projeto de lei.

Se a emenda se destinar a modificar o projeto de lei de diretrizes orçamentárias, apenas será aprovada se for compatível com o plano plurianual.

Em se tratando de projeto de lei do plano plurianual, não poderá sofrer emendas que lhe aumentem as despesas.

Rejeição do projeto

Não se admite rejeição de projeto de lei de diretrizes orçamentárias, conforme interpretação do artigo 57, § 2.º, da CF, mas é admissível a rejeição de projeto de lei orçamentária, pelo que se depreende do artigo 166, § 8.º.

Entretanto, essa possibilidade concedida ao Poder Legislativo quanto à rejeição do projeto de lei orçamentária, apesar de restaurar a apreciação do Poder Legislativo a qualquer tipo de projeto de lei, deve ser praticada em situações de clara excepcionalidade, quando a proposta for incompatível com o texto constitucional e for impossível consertá-la por meio de emendas.

Caso o projeto seja rejeitado, inviabilizará o orçamento da Administração, pois esta não poderá aprovar outro orçamento para o mesmo exercício financeiro. A solução possível e compatível com o texto constitucional seria a abertura de créditos especiais, com autorização prévia e específica do Poder Legislativo.

Em Resumo

Processo Legislativo

A própria Constituição Federal, em seu artigo 59, define o procedimento dos atos legislativos para a formação das espécies legislativas: emendas constitucionais, leis complementares, leis ordinárias, leis delegadas, medidas provisórias, decretos legislativos e resoluções.

Emendas constitucionais (art. 60, CF)
Visam a alterar o texto da Constituição. Ingressam no ordenamento jurídico com *status* de norma constitucional, porém poderão ser declaradas inconstitucionais se desrespeitarem os limites expressos no texto constitucional, ou seja:

- limites procedimentais ou formais;
- limites circunstanciais;
- limites materiais (as chamadas cláusulas pétreas).

Leis complementares e ordinárias (art. 59, CF)
A grande diferença entre elas é o *quorum* de aprovação: para a lei complementar, exige-se maioria absoluta e, para a lei ordinária, maioria relativa. Há também reserva de matéria às leis complementares.

Medidas provisórias (art. 62, CF)
Espécie normativa prevista no artigo 62 da CF, é adotada pelo presidente da República quando presentes os requisitos de relevância e urgência. Tem força de lei, devendo ser submetida de imediato ao Congresso Nacional. Desde sua edição, a medida provisória tem vigência por 60 dias, podendo ser prorrogada uma única vez por igual período, salvo durante o recesso parlamentar, em que esse prazo fica suspenso.

Lei delegada (art. 68, CF)
É ato normativo elaborado e editado pelo presidente da República, desde que haja delegação legiferante pelo Poder Legislativo, que também impõe limites.

Decreto legislativo (art. 59, CF)
Dá suporte às matérias de competência exclusiva do Congresso Nacional.

Resolução (art. 59, CF)

É ato normativo do Congresso Nacional ou de uma de suas Casas, geralmente de efeitos internos, salvo previsão da Constituição e desde que não esteja disciplinado por decreto legislativo ou lei. É utilizada, por exemplo, pelo Senado Federal para a suspensão de execução de lei declarada inconstitucional por decisão definitiva do STF.

Leis orçamentárias

O sistema orçamentário brasileiro está disciplinado nos artigos 165 a 169 da CF, nos quais se indicam as normas utilizadas para o mencionado sistema: lei complementar de caráter financeiro, lei do plano plurianual, lei de diretrizes orçamentárias e lei orçamentária anual, todas de iniciativa do presidente da República e estabelecidas pelo Congresso Nacional.

Preste Atenção

1. Os limites à edição de emendas constitucionais estão inseridos no artigo 60 da CF.

2. As medidas provisórias podem ser aprovadas (convertidas em lei), aprovadas com alterações (convertidas em projeto de lei) ou rejeitadas expressa ou tacitamente, perdendo seus efeitos desde sua edição, cabendo ao Congresso Nacional, no prazo de 60 dias, editar decreto legislativo disciplinando o período em que a medida provisória teve força de lei.

20

Defesa do Estado e das Instituições Democráticas

Em momentos de anormalidade do Estado brasileiro, utilizam-se medidas excepcionais, dotadas de necessidade e temporariedade, com o propósito de manter ou restabelecer a normalidade constitucional. Trata-se do chamado sistema constitucional de crises.

Estado de defesa

Medida mais branda, está previsto no artigo 136, *caput*, da CF. É decretado pelo presidente da República quando presente uma das seguintes hipóteses:

- ameaça à ordem pública ou paz social;
- instabilidade institucional;
- calamidade natural.

Procedimento

Depois de verificar a ocorrência de uma das hipóteses autorizadoras da decretação do estado de defesa, o presidente da República solicitará parecer do Conselho da República (art. 89, CF) e do Conselho de Defesa Nacional (art. 91, CF) e decidirá sobre a decretação ou não do estado de defesa, que abrangerá locais restritos e determinados.

Decretado o estado de defesa, o presidente, em 24 horas, o submete, com a respectiva justificativa da decretação, ao Congresso Nacional, que o aprovará somente por maioria absoluta dos membros da Câmara dos Deputados e do Senado Federal, com a conseqüente edição do decreto legislativo.

Prazo

O prazo de duração do estado de defesa será de, no máximo, 30 dias, prorrogado por mais 30 dias uma única vez.

Restrições a direitos e garantias individuais

Por se tratar de momento excepcional de crise, durante a vigência do estado de defesa, alguns dos direitos e garantias individuais poderão sofrer restrições, entre eles:

- sigilo de correspondência e de comunicações telegráficas e telefônicas (art. 5.º, XII, CF);
- direito de reunião (art. 5.º, XVI, CF);
- exigibilidade de prisão somente em flagrante delito ou por ordem de autoridade judicial (art. 5.º, LXI, CF).

Atividade parlamentar e fiscalização durante a vigência do estado de defesa

Durante a vigência do estado de defesa, o Congresso Nacional permanecerá em funcionamento e não poderá sofrer nenhum tipo de constrangimento, sob pena de crime de responsabilidade (art. 85, II, CF).

O controle e a fiscalização da execução das medidas durante o estado de defesa ficarão sob a responsabilidade de uma comissão composta de cinco membros do Congresso Nacional, designada pela Mesa do Congresso Nacional, ouvidos os líderes partidários.

Conseqüências com o fim da vigência do estado de defesa

Com o fim da situação excepcional que culminou com a decretação do estado de defesa, as medidas aplicadas durante sua vigência serão relatadas pelo presidente da República em mensagem ao Congresso Nacional, com especificação e justificação das providências adotadas, relação nominal dos atingidos e indicação das restrições aplicadas (art. 141, parágrafo único, CF).

Cessado o estado de defesa, cessarão também seus efeitos, sem prejuízo da responsabilidade pelos ilícitos cometidos por seus executores ou agentes (art. 141, *caput*, CF).

Vale ressaltar que, se o presidente da República desrespeitar os requisitos e pressupostos constitucionais, responderá por crime de responsabilidade, sem prejuízo das responsabilidades civis e criminais.

Estado de sítio

Medida mais grave, está previsto no artigo 137, I e II, da CF. É decretado pelo presidente da República desde que, obrigatoriamente, tenha autorização prévia do Congresso Nacional e quando presente uma das seguintes hipóteses:

- **Hipóteses previstas no inciso I do artigo 137:**
  - comoção nacional;
  - ineficácia do estado de defesa.
- **Hipóteses previstas no inciso II do artigo 137:**
- declaração de guerra;
- resposta a agressão armada estrangeira.

Procedimento

Depois de verificar a ocorrência de uma das hipóteses autorizadoras da decretação do estado de sítio, tanto nos casos do inciso I como do inciso II do artigo 137 da CF, o presidente da República solicitará parecer do Conselho da República (art. 89, CF) e do Conselho de Defesa Nacional (art. 91, CF), assim como autorização do Congresso Nacional para a decretação do estado de sítio no âmbito nacional, e, após o decreto, especificará as medidas e a abrangência das áreas (art. 138, CF).

Diferentemente do estado de defesa, o presidente da República, antes de decretar o estado de sítio, necessita da autorização do Congresso Nacional, que só permitirá a decretação por maioria absoluta dos membros da Câmara dos Deputados e do Senado Federal.

Prazo

O prazo de duração do estado de sítio dependerá do motivo que autorizou sua decretação.

- **Prazo nas hipóteses do artigo 137, I, da CF** – Será de, no máximo, 30 dias, prorrogado por mais 30 dias, de cada vez.
- **Prazo nas hipóteses do artigo 137, II, da CF** – Não há prazo determinado nessas hipóteses. Dessa forma, o prazo da vigência do estado de sítio será o necessário para findar a guerra ou para repelir a agressão armada estrangeira.

Restrições a direitos e garantias individuais

Por se tratar de momento excepcional de crise, durante a vigência do estado de sítio, alguns dos direitos e garantias individuais, ou mesmo todos, poderão sofrer restrições, dependendo do motivo autorizador da decretação.

RESTRIÇÕES A DIREITOS E GARANTIAS INDIVIDUAIS NAS HIPÓTESES DO ARTIGO 137, I, DA CF

Nessas hipóteses, alguns direitos e garantias individuais podem ser restringidos, entre eles:

- inviolabilidade domiciliar (art. 5.º, XI, CF);
- sigilo de correspondência e de comunicações telegráficas e telefônicas (art. 5.º, XII, CF);
- direito de reunião (art. 5.º, XVI, CF);
- direito de propriedade (art. 5.º, XXV, CF);
- exigibilidade de prisão somente em flagrante delito ou por ordem da autoridade judicial (art. 5.º, LXI, CF);
- liberdade de manifestação do pensamento, criação, expressão e informação (art. 220, CF).

RESTRIÇÕES A DIREITOS E GARANTIAS INDIVIDUAIS NAS HIPÓTESES DO ARTIGO 137, II, DA CF

Pelo fato de o estado de sítio ser decretado em hipóteses drásticas (declaração de guerra ou resposta a agressão armada estrangeira), todas as garantias individuais poderão sofrer restrições, desde que presentes os seguintes requisitos:

- necessidade da medida;
- objeto de deliberação do Congresso Nacional quando da autorização para a decretação do estado de sítio;
- previsão expressa no decreto presidencial.

Atividade parlamentar e fiscalização durante a vigência do estado de sítio

Durante a vigência do estado de sítio, o Congresso Nacional permanecerá em funcionamento e não poderá sofrer nenhum tipo de constrangimento, sob pena de crime de responsabilidade (art. 85, II, CF). Nem mesmo a liberdade de informação e pronunciamento dos parlamentares poderá ser restringida, desde que liberada pela respectiva Mesa da Casa.

O controle e a fiscalização da execução das medidas durante o estado de sítio ficarão sob a responsabilidade de uma comissão composta de cinco membros do Congresso Nacional, designada pela Mesa do Congresso Nacional, ouvidos os líderes partidários.

Conseqüências com o fim da vigência do estado de sítio

Com o fim da situação excepcional que culminou com a decretação do estado de sítio, as medidas aplicadas durante sua vigência serão relatadas pelo presidente da República em mensagem ao Congresso Nacional, com especificação e justificação das providências adotadas, relação nominal dos atingidos e indicação das restrições aplicadas (art. 141, parágrafo único, CF). Cessado o estado de sítio, cessarão também seus efeitos, sem prejuízo da responsabilidade pelos ilícitos cometidos por seus executores ou agentes (art. 141, *caput*, CF).

Destaque-se que, se o presidente da República desrespeitar os requisitos e pressupostos constitucionais, responderá por crime de responsabilidade, sem prejuízo das responsabilidades civis e criminais.

Em Resumo

Defesa do Estado e das Instituições Democráticas

Em momentos de anormalidade do Estado brasileiro, utilizam-se medidas excepcionais, dotadas de necessidade e temporariedade, com o propósito de manter ou restabelecer a normalidade constitucional. Trata-se do chamado sistema constitucional de crises.

Estado de defesa

Medida mais branda, está previsto no artigo 136, *caput*, da CF. É decretado pelo presidente da República quando presente uma das seguintes hipóteses:

- ameaça à ordem pública ou paz social;
- instabilidade institucional;
- calamidade natural.

Estado de sítio

Medida mais grave, está previsto no artigo 137, I e II, da CF. É decretado pelo presidente da República desde que, obrigatoriamente, tenha autorização prévia do Congresso Nacional e quando presente uma das seguintes hipóteses:

- **Hipóteses previstas no inciso I do artigo 137:**
  - – comoção nacional;
  - – ineficácia do estado de defesa.
- **Hipóteses previstas no inciso II do artigo 137:**
- declaração de guerra;
- resposta a agressão armada estrangeira.

Preste Atenção

Diferentemente do estado de defesa, o presidente da República, antes de decretar o estado de sítio, necessita da autorização do Congresso Nacional, que só permitirá a decretação por maioria absoluta dos membros da Câmara dos Deputados e do Senado Federal.

21

FORÇAS ARMADAS

As Forças Armadas são constituídas pela Marinha, pelo Exército e pela Aeronáutica, que são instituições nacionais permanentes e regulares, sob a autoridade suprema do presidente da República, a quem a Constituição Federal atribuiu, no artigo 84, XIII, competência privativa para exercer seu comando, nomear seus comandantes, que terão *status* de ministros de Estado (inclusive com foro privilegiado), promover seus oficiais-generais e nomeá-los para os cargos que lhes são privativos.

Seus membros são denominados militares, que, sob a ordem suprema do presidente da República, objetivam a defesa da pátria e a garantia dos poderes, da lei e da ordem.

Serviço militar

O serviço militar é obrigatório, nos termos da Lei 4.375/64, regulamentada pelo Decreto 57.654/66, salvo para as mulheres e eclesiásticos, que estarão isentos, em tempos de paz, sujeitos a outras atribuições dispostas pela lei.

Compete à Lei 8.239/91, regulamentada pela Portaria 2.681/92, conferir prestação alternativa àqueles que, em tempos de paz, depois de alistados, alegarem escusa de consciência, ou seja, que se eximirem da obrigação por motivos de crença religiosa, política ou filosófica (art. 5.º, VIII, CF).

Disposições constitucionais relativas aos membros das Forças Armadas

Em razão de sua importância, o ingresso na carreira de oficial das Forças Armadas é privativo de brasileiros natos (art. 12, § 3.º, VI, CF).

Vale destacar que a Constituição distingue oficiais e não oficiais. Os primeiros detêm patente, isto é, possuem posto (lugar que o oficial ocupa na hierarquia militar) e título (designação dentro do posto). Já os segundos são denominados praças.

As patentes dos oficiais das Forças Armadas são conferidas pelo presidente da República, e das polícias militares e corpos de bombeiros militares dos Estados e do Distrito Federal, pelo governador.

Militar no exercício de função civil

Caso o militar se encontre na ativa, deve-se verificar se o cargo civil que ocupará é permanente, temporário eletivo ou temporário não eletivo.

Se o militar da ativa for empossado em cargo civil permanente, será imediatamente transferido para a reserva. Caso aceite cargo temporário não eletivo, ficará agregado ao respectivo quadro e, enquanto permanecer nessa situação, somente poderá ser promovido por antiguidade, contando-se o tempo de serviço apenas para aquela promoção e transferência para a reserva, sendo depois de dois anos de afastamento, contínuos ou não, transferido para a reserva. Em se tratando de cargo eletivo, é necessário verificar o tempo de serviço:

- Menos de dez anos de serviço – O militar deverá se afastar da atividade;
- Mais de dez anos de serviço – O militar será agregado pela autoridade superior e, se eleito, passará automaticamente, quando diplomado, para a inatividade.

Ressalte-se que o militar, enquanto estiver em efetivo serviço, não pode filiar-se a partido político.

Perda da patente e do posto militar

O oficial das Forças Armadas só perderá a patente e o posto se for julgado e declarado indigno do oficialato ou com ele incompatível, por decisão de Tribunal Militar de caráter permanente, em tempo de paz, ou de tribunal especial, em tempo de guerra (art. 142, VI, CF). A simples condenação do militar a pena restritiva de liberdade não acarreta, automaticamente, a perda da patente e do posto. Para tanto, é necessário o julgamento pelo Tribunal Militar com a finalidade de ser eventualmente declarado indigno ou incompatível com o oficialato, perdendo a patente e o posto.

A pena restritiva de liberdade superior a dois anos implica o julgamento do tribunal quanto à indignidade ou incompatibilidade, mas ressalte-se que o julgamento não está atrelado à condenação a pena restritiva de liberdade já imposta, e sim à natureza do crime. Se a pena restritiva de liberdade for inferior a dois anos, não caberá julgamento acerca da indignidade ou incompatibilidade.

Direitos trabalhistas dos militares

Aos militares aplica-se o disposto nos artigos 7.º, VII, XII, XVII, XVIII, XIX e XXV, e 37, XI, XIII, XIV e XV, da CF, sendo-lhes vedadas a sindicalização e a greve (art. 142, IV, CF).

Em Resumo

Forças Armadas

As Forças Armadas são constituídas pela Marinha, pelo Exército e pela Aeronáutica, que são instituições nacionais permanentes e regulares, sob a autoridade suprema do presidente da República, a quem a Constituição Federal atribuiu, no artigo 84, XIII, competência privativa para exercer seu comando, nomear seus comandantes, que terão *status* de ministros de Estado (inclusive com foro privilegiado), promover seus oficiais-generais e nomeá-los para os cargos que lhes são privativos.

Preste Atenção

O oficial das Forças Armadas só perderá a patente e o posto se for julgado e declarado indigno do oficialato ou com ele incompatível, por decisão de Tribunal Militar de caráter permanente, em tempo de paz, ou de tribunal especial, em tempo de guerra (art. 142, VI, CF). A simples condenação do militar a pena restritiva de liberdade não acarreta, automaticamente, a perda da patente e do posto.

22

Segurança Pública

A segurança pública é dever do Estado, como também direito e responsabilidade de todos, e tem como finalidade a preservação da ordem pública e da incolumidade física e patrimonial das pessoas, desde que respeitados os outros direitos constitucionais.

Órgãos da segurança pública

Polícia Federal

Órgão permanente organizado e mantido pela União, destina-se a:

- apurar infrações penais contra o patrimônio, serviços e interesses da União;
- apurar infrações contra a ordem política e social;
- apurar infrações de repercussão interestadual ou intermunicipal que exijam repressão uniforme;
- prevenir e reprimir o tráfico ilícito de entorpecentes, o contrabando e o descaminho;
- exercer as funções de polícia marítima, aeroportuária e de fronteiras e, com exclusividade, as funções de polícia judiciária da União.

Polícia Rodoviária Federal

Órgão permanente mantido e organizado pela União, tem como objetivo o patrulhamento ostensivo das rodovias federais.

Polícia Ferroviária Federal

Órgão permanente mantido e organizado pela União, exerce o patrulhamento ostensivo das ferrovias federais.

Polícias Civis

São incumbidas das funções de polícia judiciária e apuração de infrações penais, exceto as militares, como também não podem exercer seu ofício quando a competência for da União.

Polícias Militares

Detêm o atributo de polícia ostensiva, para preservação da ordem pública. São forças auxiliares do Exército, subordinando-se aos governadores dos Estados e do Distrito Federal, juntamente com as Polícias Civis (art. 144, § 6.º, CF).

Corpos de Bombeiros Militares

A eles incumbe a execução de atividades de defesa civil, além de outras definidas por lei. Assim como as Polícias Militares, são forças auxiliares do Exército, subordinando-se aos governadores dos Estados e do Distrito Federal, juntamente com as Polícias Civis (art. 144, § 6.º, CF).

Guardas Municipais

É faculdade dos Municípios instituí-las, para a proteção de seu patrimônio e serviços, sem deter exercício de poder de polícia ostensiva ou judiciária.

Em Resumo

Segurança Pública

A segurança pública é dever do Estado, como também direito e responsabilidade de todos, e tem como finalidade a preservação da ordem pública e da incolumidade física e patrimonial das pessoas, desde que respeitados os outros direitos constitucionais.

São órgãos da segurança pública:

- Polícia Federal;
- Polícia Rodoviária Federal;
- Polícia Ferroviária Federal;
- Polícias Civis;
- Polícias Militares;
- Corpos de Bombeiros Militares;
- Guardas Municipais.

Preste Atenção

A Polícia Federal é órgão permanente organizado e mantido pela União. Destina-se a:

- apurar infrações penais contra o patrimônio, serviços e interesses da União;
- apurar infrações contra a ordem política e social;
- apurar infrações de repercussão interestadual ou intermunicipal que exijam repressão uniforme;
- prevenir e reprimir o tráfico ilícito de entorpecentes, o contrabando e o descaminho;
- exercer as funções de polícia marítima, aeroportuária e de fronteiras e, com exclusividade, as funções de polícia judiciária da União.

23

Ordem Econômica e Financeira

Conforme preceitua o artigo 170 da CF, a ordem econômica, fundada na valorização do trabalho humano e na livre iniciativa, tem por fim assegurar a todos a existência digna, de acordo com os ditames da justiça social. Assim, é livre o exercício de atividade econômica, independentemente de autorização dos órgãos públicos, desde que observados os seguintes princípios:

- soberania nacional;
- propriedade privada;
- função social da propriedade;
- livre concorrência;
- defesa do consumidor;
- defesa do meio ambiente;
- redução das desigualdades regionais e sociais;
- busca do pleno emprego;
- tratamento favorecido para as empresas de pequeno porte constituídas sob as leis brasileiras que tenham sua sede e administração no país.

Intervenção no domínio econômico

Apesar de os princípios da livre concorrência e da livre iniciativa estarem presentes no texto constitucional, sempre que necessário haverá intervenção do Estado no domínio econômico, com o intuito de criar normas, estabelecer restrições (Estado regulador), assim como para executar atividade econômica, em situação excepcional e em nome do interesse público (Estado executor). Essa atuação objetiva assegurar uma existência digna, conforme os ditames da justiça social.

Exemplos normativos de intervenção

- **Lei 8.884, de 11/6/1994** – Dispõe sobre a prevenção e a repressão às infrações contra a ordem econômica, transforma o Conselho Administrativo de Defesa Econômica (Cade) em autarquia e dá outras providências.
- **Lei 8.137, de 27/12/1990** – Define crimes contra a ordem tributária e econômica e contra as relações de consumo.
- **Lei Delegada 4, de 26/9/1962, alterada pela Lei 8.881/94** – Dispõe sobre a intervenção no domínio econômico para assegurar a livre distribuição de produtos necessários ao consumo do povo (ex.: o controle de abastecimento e o tabelamento de preços).
- **Lei 8.078, de 11/9/1990** – Dispõe sobre a proteção do consumidor (Código de Defesa do Consumidor).
- **Artigo 149, CF** – Estabelece competência exclusiva da União para instituir contribuições de intervenção no domínio econômico com natureza tributária.

Sistema Financeiro Nacional

Segundo o artigo 192 da CF, com redação dada pela EC 40/03, "o sistema financeiro nacional, estruturado de forma a promover o desenvolvimento equilibrado do país e a servir aos interesses da coletividade, em todas as partes que o compõem, abrangendo as cooperativas de crédito, será regulado por leis complementares, que disporão, inclusive, sobre a participação do capital estrangeiro nas instituições que o integram". Portanto, como o sistema financeiro nacional será regulamentado por leis complementares, não há necessidade de apenas uma lei complementar regulando todo o sistema, conforme previa o texto original.

Revogação da taxa de juros de 12% ao ano

O legislador constituinte estabeleceu, no artigo 192, § 3.º, da CF, que as taxas de juros não poderiam ser superiores a 12% ao ano, tipificando crime de usura caso a cobrança ultrapassasse esse percentual, embora o próprio STF tivesse pacificado o entendimento de que tal obrigatoriedade consistia em norma constitucional de eficácia limitada e, assim, para produzir todos os seus efeitos, necessitava de norma regulamentadora.

No entanto, pelo texto original, havia a necessidade de regulamentar o sistema financeiro por meio de uma única lei, o que não poderia excluir a regulamentação da taxa de juros. Por isso, a EC 40/03 revogou o aludido parágrafo, ou seja, a obrigatoriedade de taxa de juros a 12% ao ano, e passou a permitir que diversas leis complementares disciplinem o sistema financeiro.

Política urbana

Usucapião urbano

Dispõe o artigo 183 da CF que aquele que possuir como sua área de até 250 metros quadrados, por cinco anos ininterruptos e sem oposição, utilizando-a para sua moradia ou de sua família, adquire seu domínio, desde que não seja proprietário de outro imóvel urbano ou rural, sendo vedado o reconhecimento desse direito ao mesmo possuidor mais de uma vez. Ressalte-se que os imóveis públicos são insuscetíveis de usucapião urbano.

Política agrícola e fundiária

Conforme previsão do artigo 187 da CF, a política agrícola será planejada e executada na forma da lei, com a participação efetiva do setor de produção, envolvendo produtores e trabalhadores rurais, bem como dos setores de comercialização, de armazenamento e de transportes, levando em conta, especialmente:

- os instrumentos creditícios e fiscais;
- os preços compatíveis com os custos de produção e a garantia de comercialização;
- o incentivo à pesquisa e à tecnologia;
- a assistência técnica e a extensão rural;
- o seguro agrícola;
- o cooperativismo;
- a eletrificação rural e a irrigação;
- a habitação para o trabalhador rural.

Reforma agrária

Ensina José Afonso da Silva (*op. cit.*, p. 801):

> Reforma agrária é programa de governo, plano de atuação estatal, mediante intervenção do Estado na economia agrícola, não para destruir o modo de

produção existente, mas apenas para promover a repartição da propriedade e renda fundiária.

Em nome da consagração da reforma agrária, a Constituição Federal concedeu a competência à União para promover a desapropriação por interesse social para fins de reforma agrária, desde que presentes os seguintes requisitos:

- Descumprimento da função social do imóvel – A função social da propriedade rural só é cumprida quando o imóvel atender, simultaneamente, a estas condições:
  - aproveitamento racional adequado;
  - utilização adequada dos recursos naturais disponíveis e preservação do meio ambiente;
  - observância das disposições que regulam as relações de trabalho;
  - exploração que favoreça o bem-estar dos proprietários e dos trabalhadores.
- Prévia e justa indenização em títulos da dívida agrária, com cláusula de preservação do valor e resgatáveis em até 20 anos, a partir do segundo ano da emissão.
- Indenização em dinheiro das benfeitorias necessárias e úteis.
- Isenção de impostos quando da transferência de domínio oriunda da desapropriação por reforma agrária.
- Edição de decreto que declara o imóvel de interesse social para fins de reforma agrária e autorização para a União propor a ação de desapropriação.

VEDAÇÃO À DESAPROPRIAÇÃO PARA FINS DE REFORMA AGRÁRIA

A Constituição Federal veda a desapropriação para fins de reforma agrária de imóvel que cumpra sua função social porque tal desapropriação é do tipo sanção, ou seja, punição para o proprietário que não cumpre a função social da propriedade. Também veda essa espécie expropriatória no caso de propriedade rural pequena ou média, assim definidas por lei, desde que seu proprietário não possua outra.

Usucapião rural

A Constituição Federal prevê, no artigo 191, o usucapião de área rural em favor daquele que, não sendo proprietário de imóvel rural ou urbano, possua como seu, por cinco anos ininterruptos e sem oposição, área de terra, em zona rural, não superior a 50 hectares, tornando-a produtiva por seu trabalho ou de sua família e tendo nela sua moradia. Nesse caso, o possuidor adquire a propriedade, a não ser que se trate de imóvel público, para o qual a Constituição Federal veda usucapião.

Em Resumo

Ordem Econômica e Financeira

Conforme preceitua o artigo 170 da CF, a ordem econômica, fundada na valorização do trabalho humano e na livre iniciativa, tem por fim assegurar a todos a existência digna, de acordo com os ditames da justiça social. Assim, é livre o exercício de atividade econômica, independentemente de autorização dos órgãos públicos, desde que observados os seguintes princípios:

- soberania nacional;
- propriedade privada;
- função social da propriedade;
- livre concorrência;
- defesa do consumidor;
- defesa do meio ambiente;
- redução das desigualdades regionais e sociais;
- busca do pleno emprego;
- tratamento favorecido para as empresas de pequeno porte constituídas sob as leis brasileiras que tenham sua sede e administração no país.

Intervenção no domínio econômico

Sempre que necessário haverá intervenção do Estado no domínio econômico, com o intuito de criar normas, estabelecer restrições (Estado regulador), assim como para executar atividade econômica, em situação excepcional e em nome do interesse público (Estado executor). Essa atuação objetiva assegurar uma existência digna, conforme os ditames da justiça social.

Sistema Financeiro Nacional

Segundo o artigo 192 da CF, com redação dada pela EC 40/03, o sistema financeiro nacional será regulamentado por leis complementares. Não há, portanto, necessidade de apenas uma lei complementar regulando todo o sistema, conforme previa o texto original.

Política urbana

O artigo 183 da CF dispões que aquele que possuir como sua área de até 250 metros quadrados, por cinco anos ininterruptos e sem oposição, utilizando-a para sua moradia ou de sua família, adquire seu domínio, desde que não seja proprietário de outro imóvel urbano ou rural, sendo vedado o reconhecimento desse direito ao mesmo possuidor mais de uma vez. Os imóveis públicos são insuscetíveis de usucapião urbano.

Reforma agrária

A Constituição Federal concedeu a competência à União para promover a desapropriação por interesse social para fins de reforma agrária, desde que presentes os seguintes requisitos:

- descumprimento da função social do imóvel;
- prévia e justa indenização em títulos da dívida agrária, com cláusula de preservação do valor e resgatáveis em até 20 anos, a partir do segundo ano da emissão;
- indenização em dinheiro das benfeitorias necessárias e úteis;
- isenção de impostos quando da transferência de domínio oriunda da desapropriação por reforma agrária;
- edição de decreto que declara o imóvel de interesse social para fins de reforma agrária e autorização para a União propor a ação de desapropriação.

Usucapião rural

A Constituição Federal prevê, no artigo 191, o usucapião de área rural em favor daquele que, não sendo proprietário de imóvel rural ou urbano, possua como seu, por cinco anos ininterruptos e sem oposição, área de terra, em zona rural, não superior a 50 hectares, tornando-a produtiva por seu trabalho ou de sua família e tendo nela sua moradia. Nesse caso, o possuidor adquire a propriedade, a não ser que se trate de imóvel público, para o qual a Constituição Federal veda usucapião.

PRESTE ATENÇÃO

A função social da propriedade rural só é cumprida quando o imóvel atender, simultaneamente, aos seguintes requisitos:

- aproveitamento racional adequado;
- utilização adequada dos recursos naturais disponíveis e preservação do meio ambiente;
- observância das disposições que regulam as relações de trabalho;
- exploração que favoreça o bem-estar dos proprietários e dos trabalhadores.

24

ORDEM SOCIAL

Conforme os ensinamentos do professor Alexandre de Moraes (*op. cit.*, p. 720):

> A base constitucional da ordem social é o primado do trabalho e o objetivo do bem-estar e justiça sociais.

A Carta Magna disciplinou a ordem social sob a influência da Constituição de Weimar, dispondo todas as questões pertinentes acerca de direitos sociais em seu título VII, dividindo-o em diversos capítulos, quais sejam: Disposição Geral (art. 193), Seguridade Social (arts. 194 a 204), Educação, Cultura e Desporto (arts. 205 a 217), Ciência e Tecnologia (arts. 218 e 219), Comunicação Social (arts. 220 a 224), Meio Ambiente (art. 225), Família, Criança, Adolescente e Idoso (arts. 226 a 230) e Índios (arts. 231 e 232). Neste capítulo serão abordados alguns desses tópicos.

Seguridade social

A seguridade social consiste em um conjunto de ações de forma integralizada, tanto dos poderes públicos como da sociedade, destinadas a assegurar os direitos relativos à saúde, previdência e assistência social. Deve ser financiada por toda a sociedade, direta ou indiretamente, mediante:

- recursos provenientes do orçamento público das entidades da Federação;
- contribuição social do empregador, da empresa e da entidade a ela equiparada, incidente sobre: a folha de salários e demais rendimentos do trabalho pagos ou creditados, a qualquer título, à pessoa física que lhe preste serviço, mesmo sem vínculo empregatício; a receita ou o faturamento; o lucro;

- contribuição social do trabalhador e demais segurados da previdência social, não incidindo contribuição sobre aposentadorias e pensões concedidas pelo regime geral da previdência social;
- contribuição social sobre a receita de concursos de prognósticos.

Saúde

É direito de todos e dever do Estado, garantido mediante políticas sociais e econômicas que visem à redução do risco de doença e de outros agravos e ao acesso universal e igualitário às ações e serviços para sua promoção, proteção e recuperação.

São considerados de relevância pública as ações e serviços de saúde, cabendo ao Poder Público dispor, nos termos da lei, sobre sua regulamentação, fiscalização e controle, devendo sua execução ser feita diretamente ou por meio de terceiros e por pessoa física ou jurídica de direito privado.

Previdência social

Organizada por um regime geral, de caráter contributivo e de filiação obrigatória, com preservação do valor real do benefício, deve prover:

- cobertura de doenças, invalidez, morte e idade avançada;
- proteção à maternidade;
- proteção ao trabalhador em situação de desemprego involuntário;
- salário-família e auxílio-reclusão para os dependentes dos segurados de baixa renda;
- pensão por morte do segurado.

Assistência social

Prestada a quem dela necessitar, independentemente de contribuição, tem como objetivos:

- a proteção da família, maternidade, infância, adolescência e velhice;
- o amparo às crianças e adolescentes carentes;
- a promoção da integração ao mercado de trabalho;
- a habilitação e a reabilitação das pessoas portadoras de deficiência e a promoção de sua integração à vida comunitária;
- a garantia de um salário mínimo mensal à pessoa portadora de deficiência física e ao idoso, a título de benefício, que comprovem não possuir meios de prover à própria manutenção ou tê-la provida por sua família, conforme disposto em lei (Lei Orgânica da Assistência Social).

Educação, cultura e desporto

Educação

É direito de todos e dever do estado e da família, com a colaboração da sociedade, a fim de atingir:

- o pleno desenvolvimento da pessoa e seu preparo para o exercício da cidadania;
- a erradicação do analfabetismo:
- a universalização do atendimento escolar;
- a melhoria da qualidade de ensino:
- a formação para o trabalho;
- a promoção humanística, científica e tecnológica do país.

PRINCÍPIOS CONSTITUCIONAIS RELATIVOS AO ENSINO

O ensino será ministrado de acordo com os seguintes princípios:

- igualdade de condições para o acesso e permanência na escola;
- liberdade de aprender, ensinar (liberdade de cátedra), pesquisar e divulgar o pensamento, a arte e o saber;
- pluralismo de idéias e de concepções pedagógicas e coexistência de instituições de ensino públicas e privadas;
- gratuidade do ensino público em estabelecimentos oficiais;
- valorização dos profissionais do ensino, garantidos, na forma da lei, planos de carreira para o magistério público, com piso salarial profissional e ingresso exclusivamente por concurso público de provas e títulos;
- gestão democrática do ensino público, na forma da lei;
- garantia de padrão de qualidade.

OBJETIVOS DA EDUCAÇÃO

É da competência do Congresso Nacional a edição da lei que estabeleça o plano nacional de educação, objetivando:

- a erradicação do analfabetismo;
- a universalização do atendimento escolar;
- a melhoria da qualidade de ensino;
- a formação para o trabalho;
- a promoção humanística, científica e tecnológica do país.

Cultura

Conforme determina o artigo 215 da CF, o Estado garantirá a todos o pleno exercício dos direitos culturais e acesso às fontes da cultura nacional, assim como apoiará e incentivará a valorização e a difusão das manifestações culturais.

O próprio texto constitucional, em seu artigo 216, define patrimônio cultural brasileiro como os bens de natureza material e imaterial, tomados individualmente ou em conjunto, portadores de referência à identidade, à ação, à memória dos diferentes grupos formadores da sociedade brasileira, nos quais se incluem:

- as formas de expressão;
- os modos de criar, fazer e viver;
- as criações científicas, artísticas e tecnológicas;
- as obras, objetos, documentos, edificações e demais espaços destinados às manifestações artístico-culturais;
- os conjuntos urbanos e sítios de valor histórico, paisagístico, artístico, arqueológico, paleontológico, ecológico e científico.

Conforme a Emenda Constitucional 48, de 10 de agosto de 2005, que acrescentou o § 3.º ao artigo 215 da CF, a lei estabelecerá o Plano Nacional de Cultura, de duração plurianual, visando ao desenvolvimento cultural do país e à integração das ações do Poder Público que conduzem à:

I – defesa e valorização do patrimônio cultural brasileiro;
II – produção, promoção e difusão de bens culturais;
III – formação de pessoal qualificado para a gestão da cultura em suas múltiplas dimensões;
IV – democratização do acesso aos bens de cultura;
V – valorização da diversidade étnica e regional.

MEIOS DE PROTEÇÃO AO PATRIMÔNIO CULTURAL BRASILEIRO

O artigo 216, § 1.º, da CF prevê que o Poder Público, com a colaboração da comunidade, promoverá e protegerá o patrimônio cultural brasileiro, por meio de inventários, registros, vigilância, tombamento, desapropriação e outras formas de acautelamento e preservação.

Desporto

É dever do Estado fomentar práticas desportivas formais e não-formais, como direito de cada um, observados:

- a autonomia das entidades desportivas dirigentes e associações, quanto a sua organização e funcionamento;
- a destinação dos recursos públicos para a promoção prioritária do des-

porto educacional e, em casos específicos, para a do desporto de alto rendimento;

- o tratamento diferenciado para o desporto profissional e o não-profissional;
- a proteção e o incentivo às manifestações desportivas de criação nacional.

JUSTIÇA DESPORTIVA

A Constituição Federal consagra a Justiça Desportiva, que é competente para o julgamento de acontecimentos ligados à prática de desportos e das relações dela decorrentes. Também exige, de forma excepcional, o esgotamento das instâncias da Justiça Desportiva relativas à disciplina e às competições desportivas para que o Poder Judiciário admita tais ações. Entretanto, a Justiça Desportiva terá o prazo máximo de 60 dias, contado da instauração do processo, para proferir decisão final.

Ciência e tecnologia

Cabe ao Estado promover e incentivar o desenvolvimento científico, a pesquisa e a capacitação tecnológicas, inclusive com o apoio na formação de recursos humanos nessas áreas, e conceder aos que deles se ocupem meios e condições especiais de trabalho.

A Constituição Federal diferencia a pesquisa científica da tecnológica. Enquanto a primeira visa ao bem-estar público e ao progresso das ciências, a segunda é voltada principalmente para a solução dos problemas brasileiros e para o desenvolvimento do sistema produtivo nacional e regional.

Comunicação social

A liberdade de expressão, prevista no artigo 5.º, IX, da CF, tem como forma de difusão os meios de comunicação de massa, que constituem a comunicação social, os quais a Constituição Federal disciplina no artigo 220, entre eles, jornais, revistas, rádio e televisão.

A manifestação do pensamento não poderá sofrer restrições, salvo as proibições expressas no texto constitucional. São elas:

- edição de lei que contenha dispositivo que possa embaraçar a plena liberdade de informação jornalística em qualquer meio de comunicação social, observado o disposto no artigo 5.º, IV, V, X, XIII e XIV;
- qualquer tipo de censura política, ideológica e artística, desde que respei-

tada a compatibilidade com os demais preceitos constitucionais. Por conta disso, compete à lei federal regular as diversões e espetáculos públicos, cabendo ao Poder Público informar sobre a natureza deles, as faixas etárias a que não se recomendem, locais e horários em que sua apresentação se mostre inadequada, como também estabelecer os meios legais que garantam à pessoa e à família a possibilidade de se defenderem de programas ou programações de rádio e televisão que contrariem os princípios dispostos no artigo 221 da CF, bem como da propaganda de produtos, práticas e serviços que possam ser nocivos à saúde e ao meio ambiente;
- exigência de licença de autoridade para publicação de veículo impresso de comunicação. Permite-se, porém, a sujeição da propaganda comercial de tabaco, bebidas alcoólicas, agrotóxicos, medicamentos e terapias a restrições legais, bem como, se necessário, a advertência sobre os malefícios decorrentes de seu uso.

Princípios relativos à produção e programação das emissoras de rádio e televisão

Assim como todos os meios de comunicação, o rádio e a televisão têm plena liberdade de expressão e de pensamento, mas o texto constitucional traz, em seu artigo 221, princípios que devem ser atendidos especificamente por eles:

- preferência a finalidades educativas, artísticas, culturais e informativas;
- promoção da cultura nacional e regional e estímulo à produção independente que objetive sua divulgação;
- regionalização da produção cultural, artística e jornalística, conforme percentuais estabelecidos em lei;
- respeito aos valores éticos e sociais da pessoa e da família.

Liberdade de informação e comunicação social *versus* vida privada e intimidade

Embora a liberdade de informação e comunicação seja considerada norma constitucional, deve respeitar os outros ditames constitucionais, entre eles a inviolabilidade à honra, à vida privada e à intimidade do indivíduo e a proteção à imagem, sob pena de responsabilidade por danos morais e materiais.

A polêmica se refere ao conflito desses interesses constitucionais quando se trata de personalidades públicas, como artistas e políticos. Nesses casos, o direito à informação é alargado, enquanto o direito à intimidade e à vida privada é restringido, por terem sido uma opção pessoal o destaque e, por conseguinte, o interesse social nessas pessoas, desde que haja uma vinculação da informação com o interesse social, que não poderão ser estritamente íntimos.

Sigilo da fonte

Em nome da livre divulgação das informações, a Constituição Federal consagra a inviolabilidade do sigilo da fonte, até mesmo para cumprir a função de fiscalizar o Poder Público e proteger a liberdade de imprensa e acesso a informações pela sociedade.

Meio ambiente

O artigo 225 da CF determina que todos têm direito ao meio ambiente ecologicamente equilibrado, bem de uso comum do povo e essencial à sadia qualidade de vida, impondo-se ao Poder Público e à coletividade o dever de defendê-lo e preservá-lo para as presentes e futuras gerações. Assim, para assegurar a efetividade desse direito, é necessário observar:

- a preservação e a restauração dos processos ecológicos essenciais e o provimento do manejo ecológico das espécies e ecossistemas;
- a preservação da diversidade e integridade do patrimônio genético do país e a fiscalização das entidades dedicadas à pesquisa e manipulação de material genético;
- a definição, em todas as unidades da Federação, de espaços territoriais e seus componentes a serem especialmente protegidos, sendo a alteração e a supressão permitidas somente por meio de lei, vedada qualquer utilização que comprometa a integridade dos atributos que justifiquem sua proteção;
- a exigência, na forma da lei, para instalação de obra ou atividade potencialmente causadora de significativa degradação do meio ambiente, de estudo prévio de impacto ambiental, a que se dará publicidade;
- o controle sobre a produção, a comercialização e o emprego de técnicas, métodos e substâncias que comportem risco para a vida, a qualidade de vida e o meio ambiente;
- a promoção da educação ambiental em todos os níveis de ensino e da conscientização pública para a preservação do meio ambiente;
- a proteção à fauna e à flora, vedadas, na forma da lei, as práticas que coloquem em risco sua função ecológica, provoquem a extinção de espécies ou submetam os animais à crueldade.

Família, criança, adolescente e idoso

A família, instituição de grande importância em nossa sociedade, também foi protegida pela Constituição Federal, que estabeleceu três espécies de entidade familiar:

- entidade familiar constituída pelo casamento civil ou religioso com efeitos civis;
- entidade familiar constituída pela união estável entre homem e mulher;
- comunidade formada por qualquer dos pais e seus descendentes.

Relação familiar

Os direitos e deveres referentes à sociedade conjugal são exercidos igualmente entre os cônjuges. A dissolução do casamento civil pode ocorrer por meio do divórcio, após prévia separação judicial de mais de um ano ou comprovada separação de fato por mais de dois anos (divórcio direto), sendo desnecessária qualquer imputação ou comprovação de culpa de qualquer um dos cônjuges.

O planejamento familiar é livre decisão do casal, competindo ao Estado propiciar recursos educacionais e científicos para o exercício desse direito, proibida qualquer forma coercitiva por parte de instituições oficiais ou privadas. Esse planejamento deve sempre estar fundado nos princípios da dignidade da pessoa humana e da paternidade responsável.

Tutela constitucional à criança e ao adolescente

Nos termos do artigo 227 da CF, é dever da família, da sociedade e do Estado assegurar à criança e ao adolescente, com absoluta prioridade, o direito à vida, à saúde, à alimentação, à educação, ao lazer, à profissionalização, à cultura, à dignidade, ao respeito, à liberdade e à convivência familiar e comunitária, além de colocá-los a salvo de toda forma de negligência, discriminação, exploração, violência, crueldade e opressão.

Tutela constitucional ao idoso

As pessoas idosas, que, em regra, são consideradas aquelas com idade igual ou superior a 60 anos, devem ser amparadas pelo Estado, pela família e pela sociedade, tendo assegurada sua participação na comunidade, com dignidade, bem-estar e garantia do direito à vida.

Saúde do idoso

O artigo 9.º do Estatuto do Idoso (Lei 10.741, de 1.º de outubro de 2003) contempla a previsão de que é obrigação do Estado garantir à pessoa idosa a proteção à vida e à saúde, mediante efetivação de políticas sociais públicas que permitam um envelhecimento saudável e em condições de dignidade.

Outra importante inovação do estatuto em relação à saúde do idoso está no artigo 15, que trata da obrigação do Poder Público de fornecer aos idosos, gratuitamente, os medicamentos, especialmente de uso continuado, que necessitam, incluindo próteses, órteses e outros recursos relativos ao tratamento, habilitação ou reabilitação, vedada a diferenciação dos idosos nos planos de saúde.

Idoso e transporte público

Previu o texto constitucional, no artigo 230, § 2.º, a gratuidade dos transportes coletivos urbanos aos maiores de 65 anos. Note-se que o critério etário (maiores de 60 anos) para definir a condição de idoso foi, nesse aspecto, diferenciado, pois tal direito só é assegurado aos maiores de 65 anos.

No entanto, o artigo 40 do Estatuto do Idoso restringiu a previsão constitucional (e, por esse motivo, é inconstitucional) do transporte público gratuito aos idosos, assegurando a aludida gratuidade à reserva de apenas duas vagas gratuitas por veículo para idosos com renda igual ou inferior a dois salários mínimos e desconto de 50%, no mínimo, no valor das passagens para os idosos que excederem as vagas gratuitas, com renda igual ou inferior a dois salários mínimos.

Índios

Aos índios ficaram assegurados, pela Constituição, os direitos e garantias ao bem-estar, justiça social, respeito a seus valores peculiares, como língua, costumes, crenças e tradições, sendo-lhes garantidos os direitos sobre as terras que tradicionalmente ocupam, que são inalienáveis e indisponíveis.

Em Resumo

Ordem Social

A Carta Magna disciplinou a ordem social no título VII, dividindo-o em diversos capítulos: Disposição Geral (art. 193), Seguridade Social (arts. 194 a 204), Educação, Cultura e Desporto (arts. 205 a 217), Ciência e Tecnologia (arts. 218 e 219), Comunicação Social (arts. 220 a 224), Meio Ambiente (art. 225), Família, Criança, Adolescente e Idoso (arts. 226 a 230) e Índios (arts. 231 e 232).

Seguridade social

Consiste no conjunto de ações de forma integralizada, tanto dos poderes públicos como da sociedade, destinadas a assegurar os direitos relativos à:

- **Saúde** – É direito de todos e dever do Estado, garantido mediante políticas sociais e econômicas que visem à redução do risco de doença e de outros agravos e ao acesso universal e igualitário às ações e serviços para sua promoção, proteção e recuperação.
- **Previdência social** – Organizada por um regime geral, de caráter contributivo e de filiação obrigatória, com preservação do valor real do benefício, deve prover:
  - cobertura de doenças, invalidez, morte e idade avançada;
  - proteção à maternidade;
  - proteção ao trabalhador em situação de desemprego involuntário;
  - salário-família e auxílio-reclusão para os dependentes dos segurados de baixa renda;
  - pensão por morte do segurado.
- **Assistência social** – Será prestada a quem dela necessitar.

Educação, cultura e desporto

- **Educação** – É direito de todos e dever do estado e da família, com a colaboração da sociedade, a fim de atingir o pleno desenvolvimento da pessoa e seu preparo para o exercício da cidadania, a erradicação do analfabetismo, a universalização do atendimento escolar, a melhoria da qualidade de ensino, a formação para o trabalho e a promoção humanística, científica e tecnológica do país.
- **Cultura** – O Estado garantirá a todos o pleno exercício dos direitos cul-

turais e acesso às fontes da cultura nacional, assim como apoiará e incentivará a valorização e a difusão das manifestações culturais.

- **Desporto** – É dever do Estado fomentar práticas desportivas formais e não-formais, como direito de cada um. A Constituição Federal consagra a **Justiça Desportiva**, que é competente para o julgamento de acontecimentos ligados à prática de desportos e das relações dela decorrentes. Também exige, de forma excepcional, o esgotamento das instâncias da Justiça Desportiva relativas à disciplina e às competições desportivas para que o Poder Judiciário admita tais ações. Entretanto, a Justiça Desportiva terá o prazo máximo de 60 dias, contados da instauração do processo, para proferir decisão final.

Ciência e tecnologia

Cabe ao Estado promover e incentivar o desenvolvimento científico, a pesquisa e a capacitação tecnológicas, inclusive com o apoio na formação de recursos humanos nessas áreas, e conceder aos que deles se ocupem meios e condições especiais de trabalho.

Comunicação social

A liberdade de expressão, prevista no artigo 5.º, IX, da CF, tem como forma de difusão os meios de comunicação de massa, que constituem a comunicação social, os quais a Constituição Federal disciplina no artigo 220, entre eles, jornais, revistas, rádio e televisão.

A manifestação do pensamento não poderá sofrer restrições, salvo as proibições expressas no texto constitucional.

Meio ambiente

O artigo 225 da CF determina que todos têm direito ao meio ambiente ecologicamente equilibrado, bem de uso comum do povo e essencial à sadia qualidade de vida, impondo-se ao Poder Público e à coletividade o dever de defendê-lo e preservá-lo para as presentes e futuras gerações.

Família, criança, adolescente e idoso

A família, instituição de grande importância em nossa sociedade, também foi protegida pela Constituição Federal, que estabeleceu três espécies de entidade familiar:

- entidade familiar constituída pelo casamento civil ou religioso com efeitos civis;

– entidade familiar constituída pela união estável entre homem e mulher;
– comunidade formada por qualquer dos pais e seus descendentes.

- **Tutela constitucional à criança e ao adolescente** – Nos termos do artigo 227 da CF, é dever da família, da sociedade e do Estado assegurar à criança e ao adolescente, com absoluta prioridade, o direito à vida, à saúde, à alimentação, à educação, ao lazer, à profissionalização, à cultura, à dignidade, ao respeito, à liberdade e à convivência familiar e comunitária, além de colocá-los a salvo de toda forma de negligência, discriminação, exploração, violência, crueldade e opressão.
- **Tutela constitucional ao idoso** – As pessoas idosas, que, em regra, são consideradas aquelas com idade igual ou superior a 60 anos, devem ser amparadas pelo Estado, pela família e pela sociedade, tendo assegurada sua participação na comunidade, com dignidade, bem-estar e garantia do direito à vida.

Índios

Aos índios ficaram assegurados, pela Constituição, os direitos e garantias ao bem-estar, justiça social, respeito a seus valores peculiares, como língua, costumes, crenças e tradições, sendo-lhes garantidos os direitos sobre as terras que tradicionalmente ocupam, que são inalienáveis e indisponíveis.

Preste Atenção

A ordem social encontra-se nos seguintes capítulos do título VII da CF:

- Disposição Geral (art. 193);
- Seguridade Social (arts. 194 a 204);
- Educação, Cultura e Desporto (arts. 205 a 217);
- Ciência e Tecnologia (arts. 218 e 219);
- Comunicação Social (arts. 220 a 224);
- Meio Ambiente (art. 225);
- Família, Criança, Adolescente e Idoso (arts. 226 a 230);
- Índios (arts. 231 e 232).

ANEXO I

Principais alterações da Constituição Federal pela Emenda Constitucional 45, de 8 de dezembro de 2004, relacionadas ao Direito Constitucional

Criação do inciso LXXVIII no artigo 5.º (celeridade processual)
A todos, no âmbito judicial e administrativo, são assegurados a razoável duração do processo e os meios que garantam a celeridade de sua tramitação.

Criação dos parágrafos 3.º e 4.º no artigo 5.º
§ 3.º – Os tratados e convenções internacionais sobre direitos humanos que forem aprovados, em cada Casa do Congresso Nacional, em dois turnos, por três quintos dos votos dos respectivos membros, serão equivalentes às emendas constitucionais.
Assim, é possível que um tratado internacional ingresse no ordenamento jurídico brasileiro com *status* de norma constitucional, desde que:

- trate de direitos humanos;
- seja votado pelo Congresso Nacional pelo mesmo *quorum* das emendas constitucionais (art. 60, § 2.º, CF).

§ 4.º – O Brasil se submete à jurisdição de Tribunal Penal Internacional a cuja criação tenha manifestado adesão.

Alteração do inciso III e revogação do inciso IV do artigo 36
Até a promulgação da EC 45/04, a decretação de intervenção dependia de provimento do STF de representação do procurador-geral da República, no caso de descumprimento pelo Estado membro dos princípios sensíveis dispostos no inciso VII do artigo 34 da CF. Já no caso de o Estado membro recusar-se a executar lei federal, a intervenção dependia do provimento do STJ, segundo o inciso IV do artigo 36. Com a revogação desse inciso pela EC 45/04, a intervenção, em ambos os casos (descumprimento do artigo 34, VII, e recusa à execução de lei federal), depende de provimento do STF.

Alteração do inciso II do artigo 52
Com essa alteração, o Senado Federal passou a ter competência para julgar e processar por crime de responsabilidade os membros do Conselho Nacional de Justiça e do Conselho Nacional do Ministério Público (órgãos criados também pela EC 45/04).

Criação do inciso I-A e parágrafos 1.º e 2.º no artigo 92
O Conselho Nacional de Justiça foi incluído como órgão do Poder Judiciário (inciso I-A), com sede na capital federal (parágrafo 1.º), assim como o STF e os tribunais superiores. Estes últimos, segundo o novo parágrafo 2.º, têm jurisdição em todo o território nacional.

Alterações do artigo 93

O artigo 93 trata do Estatuto da Magistratura, que sofreu modificações:

- Para o ingresso na magistratura, exige-se do bacharel em Direito, no mínimo, três anos de atividade jurídica (inciso I).
- A aferição para promoção por merecimento será feita conforme o desempenho e pelos critérios objetivos de produtividade e presteza no exercício da jurisdição, assim como pela freqüência e aproveitamento em cursos oficiais ou reconhecidos de aperfeiçoamento (inciso II, "c").
- Na apuração de antiguidade, o tribunal somente poderá recusar o juiz mais antigo pelo voto fundamentado de dois terços de seus membros, assegurada a ampla defesa (inciso II, "d").
- Não será promovido o juiz que, injustificadamente, retiver autos em seu poder além do prazo legal, não podendo devolvê-lo ao cartório sem o devido despacho ou decisão (inciso II, "e").
- Com o fim dos Tribunais de Alçada, o acesso aos tribunais de segundo grau far-se-á por antiguidade e merecimento, alternadamente, apurados na última ou única entrância (inciso III).
- São previstos cursos oficiais de preparação, aperfeiçoamento e promoção de magistrados, constituindo etapa obrigatória do processo de vitaliciamento a participação em curso oficial ou reconhecido por escola nacional de formação e aperfeiçoamento de magistrados (inciso IV).
- O juiz titular continua tendo de residir na respectiva comarca, salvo autorização do tribunal (inciso VII).
- O ato de remoção, disponibilidade e aposentadoria do magistrado, por interesse público, não se fundamenta mais pelo voto de dois terços do respectivo tribunal, mas sim pelo voto da maioria absoluta do tribunal ou do Conselho Nacional de Justiça, assegurada a ampla defesa (inciso VIII).
- As decisões administrativas dos tribunais serão motivadas e em audiência pública (inciso X).
- As vagas para os órgãos especiais dos tribunais serão providas metade por antiguidade e a outra metade por eleição do tribunal pleno (inciso XI).
- A atividade jurisdicional será ininterrupta, sendo vedadas férias coletivas nos juízos e tribunais de segundo grau, funcionando, nos dias em que não houver expediente forense normal, juízes em plantão permanente (inciso XII).
- O número de juízes na unidade jurisdicional será proporcional à efetiva demanda judicial e à respectiva população (inciso XIII).
- Os servidores receberão delegação para a prática de atos de administração e atos de mero expediente sem caráter decisório (inciso XIV).
- A distribuição de processos será imediata, em todos os graus de jurisdição (inciso XV).

Alterações do artigo 95

Duas importantes inovações foram inseridas no rol de vedações aos juízes do parágrafo único, quais sejam:

- receber, a qualquer título ou pretexto, auxílios ou contribuições de pessoas físicas, entidades públicas ou privadas, ressalvadas as exceções previstas em lei (inciso IV);

- exercer a advocacia no juízo ou tribunal do qual se afastou, antes de decorridos três anos do afastamento do cargo por aposentadoria ou exoneração (inciso V).

Criação do parágrafo 2.º no artigo 98

As custas e emolumentos serão destinados exclusivamente ao custeio dos serviços ligados às atividades específicas da Justiça.

Alterações do artigo 99

Referem-se especificamente à proposta orçamentária do Poder Judiciário.

Se os órgãos do Poder Judiciário dispostos no parágrafo 2.º do referido artigo não encaminharem as respectivas propostas orçamentárias dentro do prazo estabelecido na lei de diretrizes orçamentárias, o Poder Executivo considerará os mesmos valores aprovados na lei orçamentária vigente. Já se as propostas forem encaminhadas fora dos limites dispostos no parágrafo 1.º, o Poder Executivo procederá aos reajustes necessários. Durante a execução do orçamento no exercício, não poderá haver a realização de despesas ou a assunção de obrigações que ultrapassem os limites da lei de diretrizes orçamentárias, salvo se previamente autorizadas, mediante a abertura de créditos suplementares ou especiais.

Alterações do artigo 102

A competência do STF para processar e julgar originariamente a homologação de sentenças estrangeiras e a concessão de *exequatur* às cartas rogatórias, que se encontrava no inciso I, "h", do referido artigo, foi revogada, passando a ser competência do STJ, conforme nova previsão do artigo 105, I, "i".

Foi criada, na nova alínea "r" do inciso I, a competência do STF para processar e julgar originariamente as ações contra o Conselho Nacional de Justiça e contra o Conselho Nacional do Ministério Público.

A competência recursal do STF também foi alterada, mais precisamente com a inclusão no inciso III da alínea "d" (recurso extraordinário quando a decisão de última ou única instância julgar válida lei local contestada em face de lei federal) e do parágrafo 3.º (repercussão geral demonstrada pelo recorrente em recurso extraordinário, que poderá ser recusado se dois terços dos ministros entenderem que não está presente a mencionada repercussão).

O parágrafo 2.º refere-se aos efeitos da ação direta de inconstitucionalidade (ADIn) e da ação declaratória de constitucionalidade (ADC), que produzirão efeitos contra todos (*erga omnes*) e efeito vinculante relativamente aos demais órgãos do Poder Judiciário e à administração pública direta e indireta, nas esferas federal, estadual e municipal.

Alterações do artigo 103

A principal alteração desse artigo foi a revogação de seu parágrafo 4.º, que dispunha sobre os legitimados da ação declaratória de constitucionalidade. Assim, os legitimados da ADC são os mesmos que os da ADIn. O governador do Distrito Federal e da Mesa da Câmara Legislativa foram incluídos nesse rol.

Criação do artigo 103-A

Esse artigo trata da **súmula vinculante**. O STF poderá, de ofício ou por provocação, mediante decisão de dois terços de seus ministros, depois de reiteradas decisões sobre matéria constitucional, aprovar súmula que, a partir de sua publicação na imprensa oficial, terá efeito vinculante em relação aos demais órgãos do Poder Judiciário e à administração pública direta e indireta, nas esferas federal, estadual e municipal, bem como proceder a sua revisão ou cancelamento, na forma da lei.

A súmula terá por objetivo a validade, a interpretação e a eficácia de normas determinadas, acerca das quais haja controvérsia atual entre órgãos judiciários ou entre estes e a administração pública que acarrete grave insegurança jurídica e relevante multiplicação de processos sobre questão idêntica.

Sem prejuízo do que vier a ser estabelecido em lei, a aprovação, a revisão ou o cancelamento de súmula poderão ser provocados por aqueles que podem propor a ADIn. Do ato administrativo ou decisão judicial que contrariar a súmula aplicável ou que indevidamente a aplicar caberá reclamação ao STF, que, julgando-a procedente, anulará o ato administrativo ou cassará a decisão judicial reclamada e determinará que outra seja proferida com ou sem a aplicação da súmula, conforme o caso.

Observação *– Não confundir efeito vinculante com súmula vinculante. O primeiro é um desdobramento natural previsto constitucionalmente para a ADIn e para a ADC, enquanto a segunda exige reiteradas decisões sobre matéria constitucional proferidas pelo STF e aprovação de dois terços dos ministros para ser editada.*

Criação do artigo 103-B

Esse artigo trata do Conselho Nacional de Justiça, composto por 15 membros com mais de 35 e menos de 66 anos de idade (cuja designação consta nos incisos I a XIII), com mandato de dois anos, admitida uma recondução. Os membros serão nomeados pelo presidente da República após aprovação da escolha pela maioria absoluta do Senado Federal.

Compete ao conselho o controle da atuação administrativa e financeira do Poder Judiciário e do cumprimento dos deveres funcionais dos juízes, com todas as atribuições indicadas nos incisos I a VII do parágrafo 4.º do artigo 103-B.

O ministro do STJ exercerá a função de ministro-corregedor e ficará excluído da distribuição de processos no tribunal, competindo-lhe, além das atribuições que lhe forem conferidas pelo Estatuto da Magistratura, as dispostas nos incisos I a III do parágrafo 5.º do referido artigo.

Alterações do artigo 104

A composição do STJ não foi alterada, mas a escolha de seus membros, sim, pois após a nomeação pelo presidente da República passarão pela aprovação da maioria absoluta do Senado Federal.

Alterações do artigo 105

Além da alteração da competência do STJ no que se refere à homologação de sentenças estrangeiras e à concessão de cartas rogatórias, existem outras mudanças, inclusive a nova previsão do recurso especial, que confere competência ao STJ para julgar as causas decididas, em única e última instância, pelos Tribunais Regionais

Federais ou pelos Tribunais dos Estados, do Distrito Federal e Territórios quando a decisão recorrida julgar válido ato de governo local contestado em face de lei federal.

Alteração do artigo 107 – Instalação da Justiça itinerante.

Alterações do artigo 109 (federalização dos direitos humanos)
Atribuição de competência para a Justiça Federal processar e julgar as causas relativas a direitos humanos. Nas hipóteses de grave violação de direitos humanos, o procurador-geral da República, com a finalidade de assegurar o cumprimento de obrigações decorrentes de tratados internacionais de direitos humanos dos quais o Brasil seja parte, poderá suscitar, perante o STJ, em qualquer fase do processo ou inquérito, incidente de deslocamento de competência para a Justiça Federal.

Alterações dos artigos 111, 111-A, 112, 114 e 115 – Relacionadas ao Direito do Trabalho.

Alterações do artigo 125 – Relativas à competência da Justiça Militar.

Alteração do artigo 126 – Propositura de criação de varas especializadas, com competência exclusiva para questões agrárias.

Alterações do artigo 127 – Proposta orçamentária do Ministério Público, que funciona nos moldes do artigo 99, já comentado.

Alterações do artigo 128
O inciso I trata das garantias dos membros do Ministério Público, entre as quais a inamovibilidade, salvo por motivo de interesse público, mediante decisão do órgão colegiado competente do Ministério Público, pelo voto da maioria absoluta de seus membros, assegurada a ampla defesa.

O inciso II dispõe sobre as vedações; a grande inovação é a proibição de exercer atividade político-partidária, sem a possibilidade de exceções legais, como também receber, a qualquer título ou pretexto, auxílios ou contribuições de pessoas físicas, entidades públicas ou privadas, ressalvadas as exceções previstas em lei.

Criação do artigo 130-A – Trata do Conselho Nacional do Ministério Público.

Alteração do artigo 134 – Refere-se às Defensorias Públicas Estaduais.

Artigos referentes à EC 45/04
Art. 4.º – Ficam extintos os Tribunais de Alçada, onde houver, passando os seus membros a integrar os Tribunais de Justiça dos respectivos Estados – prazo: 180 dias, contados da promulgação da EC 45/04.

Art. 5.º – Prazo para instalação do Conselho Nacional de Justiça e do Conselho do Ministério Público: 180 dias, contados da promulgação da EC 45/04.

Art. 8.º – As atuais súmulas do STF somente produzirão efeito vinculante após sua confirmação por dois terços de seus integrantes e publicação na imprensa oficial.

ANEXO II

Principais alterações das Emendas Constitucionais nº 46 a nº 52:

Emenda Constitucional nº 46, de 5 de maio de 2005

O inciso IV do art. 20, da Constituição Federal, passa a vigorar com a seguinte redação:

Art. 20. IV – as ilhas fluviais e lacustres nas zonas limítrofes com ou-tros países; as praias marítimas; as ilhas oceânicas e as costeiras, excluídas, destas, as que contenham a sede de Municípios, exceto aquelas áreas afetadas ao serviço público e a unidade ambiental federal, e as referidas no art. 26, II.

Emenda Constitucional nº 47, de 5 de julho de 2005

Os arts. 37, 40, 195 e 201 da Constituição Federal passam a vigorar com a seguinte redação:

Art. 37. § 11. Não serão computadas, para efeito dos limites remuneratórios de que trata o inciso XI, do *caput* deste artigo, as parcelas de caráter indenizatório previstas em lei.

§ 12. Para os fins do disposto no inciso XI do *caput* deste artigo, fica facultado aos Estados e ao Distrito Federal fixar, em seu âmbito, mediante emenda às respectivas Constituições e Lei Orgânica, como limite único, o subsídio mensal dos desembargadores do respectivo Tribunal de Justiça, limitado a noventa inteiros e vinte e cinco centésimos por cento do subsídio mensal dos Ministros do Supremo Tribunal Federal, não se aplicando o disposto neste parágrafo aos subsídios dos deputados estaduais e distritais e dos vereadores. (NR)

Art. 40. § 4º. É vedada a adoção de requisitos e critérios diferenciados para a concessão de aposentadoria aos abrangidos pelo regime de que trata este artigo, ressalvados, nos termos definidos em leis complementares, os casos de servidores:

I – portadores de deficiência;

II – que exerçam atividades de risco;

III – cujas atividades sejam exercidas sob condições especiais que prejudiquem a saúde ou a integridade física.

§ 21. A contribuição prevista no § 18 deste artigo incidirá apenas sobre as parcelas de proventos de aposentadoria e de pensão que superem o dobro do limite máximo estabelecido para os benefícios do regime geral de previdência social de que trata o art. 201 desta Constituição, quando o beneficiário, na forma da lei, for portador de doença incapacitante. (NR)

Art. 195. § 9º. As contribuições sociais previstas no inciso I do *caput* deste artigo poderão ter alíquotas ou bases de cálculo diferenciadas, em razão da atividade econômica, da utilização intensiva de mão-de-obra, do porte da empresa ou da condição estrutural do mercado de trabalho.

Art. 201. § 1º. É vedada a adoção de requisitos e critérios diferenciados para a concessão de aposentadoria aos beneficiários do regime geral de previdência social, ressalvados os casos de atividades exercidas sob condições especiais que prejudiquem a saúde ou a integridade física e quando se tratar de segurados portadores de deficiência, nos termos definidos em lei complementar.

§ 12. Lei disporá sobre sistema especial de inclusão previdenciária para atender a trabalhadores de baixa renda e àqueles sem renda própria que se dediquem exclusivamente ao trabalho doméstico no âmbito de sua residência, desde que pertencentes a famílias de baixa renda, garantindo-lhes acesso a benefícios de valor igual a um salário-mínimo.

§ 13. O sistema especial de inclusão previdenciária de que trata o § 12 deste artigo terá alíquotas e carências inferiores às vigentes para os demais segurados do regime geral de previdência social. (NR)

Art. 2º. Aplica-se aos proventos de aposentadorias dos servidores públicos que se aposentarem na forma do *caput* do art. 6º da Emenda Constitucional nº 41, de 2003, o disposto no art. 7º da mesma Emenda.

Art. 3º. Ressalvado o direito de opção à aposentadoria pelas normas estabelecidas pelo art. 40 da Constituição Federal ou pelas regras estabelecidas pelos arts. 2º e 6º da Emenda Constitucional nº 41, de 2003, o servidor da União, dos Estados, do Distrito Federal e dos Municípios, incluídas suas autarquias e fundações, que tenha ingressado no serviço público até 16 de dezembro de 1998 poderá aposentar-se com proventos integrais, desde que preencha, cumulativamente, as seguintes condições:

I – trinta e cinco anos de contribuição, se homem, e trinta anos de contribuição, se mulher;

II – vinte e cinco anos de efetivo exercício no serviço público, quinze anos de carreira e cinco anos no cargo em que se der a aposentadoria;

III – idade mínima resultante da redução, relativamente aos limites do art. 40, § 1º, inciso III, alínea "a", da Constituição Federal, de um ano de idade para cada ano de contribuição que exceder a condição prevista no inciso I do *caput* deste artigo.

Parágrafo único. Aplica-se ao valor dos proventos de aposentadorias concedidas com base neste artigo o disposto no art. 7º da Emenda Constitucional nº 41, de 2003, observando-se igual critério de revisão às pensões derivadas dos proventos de servidores falecidos que tenham se aposentado em conformidade com este artigo.

Art. 4º. Enquanto não editada a lei a que se refere o § 11 do art. 37 da Constituição Federal, não será computada, para efeito dos limites remuneratórios de que trata o inciso XI do *caput* do mesmo artigo, qualquer parcela de caráter indenizatório, assim definida pela legislação em vigor na data de publicação da Emenda Constitucional nº 41, de 2003.

Art. 5º. Revoga-se o parágrafo único do art. 6º da Emenda Constitucional nº 41, de 19 de dezembro de 2003.

Emenda Constitucional nº 48, de 10 de agosto de 2005

O art. 215 da Constituição Federal passa a vigorar acrescido do seguinte § 3º:

Art. 215. § 3º. A lei estabelecerá o Plano Nacional de Cultura, de duração plurianual, visando ao desenvolvimento cultural do país e à integração das ações do poder público que conduzem à:

I – defesa e valorização do patrimônio cultural brasileiro;

II – produção, promoção e difusão de bens culturais;

III – formação de pessoal qualificado para a gestão da cultura em suas múltiplas dimensões;

IV – democratização do acesso aos bens de cultura;

V – valorização da diversidade étnica e regional.(NR)

Emenda Constitucional nº 49, de 8 de fevereiro de 2006

O inciso XXIII do art. 21 da Constituição Federal passa a vigorar com a seguinte redação:

Art. 21.

XXIII – b) sob regime de permissão, são autorizadas a comercialização e a utilização de radioisótopos para a pesquisa e usos médicos, agrícolas e industriais;

c) sob regime de permissão, são autorizadas a produção, comercialização e utilização de radioisótopos de meia-vida igual ou inferior a duas horas;

d) a responsabilidade civil por danos nucleares independe da existência de culpa.

Art. 2º. O inciso V do caput do art. 177 da Constituição Federal passa a vigorar com a seguinte redação:

Art. 177, V – a pesquisa, a lavra, o enriquecimento, o reprocessamento, a industrialização e o comércio de minérios e minerais nucleares e seus derivados, com exceção dos radioisótopos cuja produção, comercialização e utilização poderão ser autorizadas sob regime de permissão, conforme as alíneas "b" e "c" do inciso XXIII do *caput* do art. 21 desta Constituição Federal.

Emenda Constitucional nº 50, de 14 de fevereiro de 2006

O art. 57 da Constituição Federal passa a vigorar com a seguinte redação:

Art. 57. O Congresso Nacional reunir-se-á, anualmente, na Capital Federal, de 2 de fevereiro a 17 de julho e de 1º de agosto a 22 de dezembro.

§ 4º. Cada uma das Casas reunir-se-á em sessões preparatórias, a partir de 1º de fevereiro, no primeiro ano da legislatura, para a posse de seus membros e eleição das respectivas Mesas, para mandato de 2 (dois) anos, vedada a recondução para o mesmo cargo na eleição imediatamente subseqüente.

§ 6º. A convocação extraordinária do Congresso Nacional far-se-á:.

II – pelo presidente da República, pelos presidentes da Câmara dos Deputados e do Senado Federal ou a requerimento da maioria dos membros de ambas as Casas, em caso de urgência ou interesse público relevante, em todas as hipóteses deste inciso com a aprovação da maioria absoluta de cada uma das Casas do Congresso Nacional.

§ 7º. Na sessão legislativa extraordinária, o Congresso Nacional somente deliberará sobre a matéria para a qual foi convocado, ressalvada a hipótese do § 8º deste artigo, vedado o pagamento de parcela indenizatória, em razão da convocação.

Emenda Constitucional nº 51, de 14 de fevereiro de 2006

O art. 198 da Constituição Federal passa a vigorar acrescido dos seguintes §§ 4º, 5º e 6º:

Art. 198. § 4º. Os gestores locais do sistema único de saúde poderão admitir agentes comunitários de saúde e agentes de combate às endemias por meio de processo seletivo público, de acordo com a natureza e complexidade de suas atribuições e requisitos específicos para sua atuação.

§ 5º. Lei federal disporá sobre o regime jurídico e a regulamentação das atividades de agente comunitário de saúde e agente de combate às endemias.

§ 6º. Além das hipóteses previstas no § 1º do art. 41 e no § 4º do art. 169 da Constituição Federal, o servidor que exerça funções equivalentes às de agente comunitário de saúde ou de agente de combate às endemias poderá perder o cargo em caso de descumprimento dos requisitos específicos, fixados em lei, para o seu exercício. (NR)

Art 2º. Após a promulgação da presente Emenda Constitucional, os agentes comunitários de saúde e os agentes de combate às endemias somente poderão ser contratados diretamente pelos Estados, pelo Distrito Federal ou pelos Municípios na forma do § 4º do art. 198 da Constituição Federal, observado o limite de gasto estabelecido na Lei Complementar de que trata o art. 169 da Constituição Federal.

Parágrafo único. Os profissionais que, na data de promulgação desta Emenda e a qualquer título, desempenharem as atividades de agente comunitário de saúde ou de agente de combate às endemias, na forma da lei, ficam dispensados de se submeter ao processo seletivo público a que se refere o § 4º do artigo 198 da Constituição Federal, desde que tenham sido contratados a partir de anterior processo de seleção pública efetuado por órgãos ou entes da administração direta ou indireta de Estado, Distrito Federal ou Município ou por outras instituições com a efetiva supervisão e autorização da administração direta dos entes da federação.

Emenda Constitucional nº 52, de 8 de março de 2006

Esta Emenda Constitucional acaba com a chamada verticalização partidária nas eleições, ou seja, concede liberdade de coligação estadual aos partidos, mesmo que não sejam compatíveis com as coligações estabelecidas no âmbito federal. Em relação ao artigo 2º desta emenda, o STF, em julgamento da ADIN 3685, decidiu que o mesmo não se aplica às eleições de 2006, restando aplicável a essa eleição a redação original do mesmo artigo, tendo em vista o princípio da anualidade disposta no artigo 16 da Constituição Federal.

O § 1º do artigo 17 da CF passa a vigorar com a seguinte redação:

Art. 17 – § 1º É assegurada aos partidos políticos autonomia para definir sua estrutura interna, organização e funcionamento e para adotar critérios de escolha e o regime de suas coligações eleitorais, sem obrigação de vinculação entre as candidaturas em âmbito nacional, estadual, distrital ou municipal, devendo seus estatutos estabelecer normas de disciplina e fidelidade partidária.

Referências Bibliográficas

Azambuja, Darcy. *Teoria geral do Estado.* 35. ed. São Paulo: Globo, 1996.Barroso, Luís Roberto. *O controle de constitucionalidade no Direito brasileiro*. São Paulo: Saraiva, 2004.

Bastos, Celso. *Dicionário de Direito Constitucional*. São Paulo: Saraiva, 1994.

Bester, Gisela Maria. *Direito Constitucional*. v. 1 – *Fundamentos Teóricos*. São Paulo: Manole, 2005.

Canotilho, J. J. Gomes. *Direito Constitucional.* 3. ed. Coimbra: Almedina, 1993.

Ceneviva, Walter. *Direito Constitucional brasileiro.* 3. ed. São Paulo: Saraiva, 2003.

Dolinger, Jacob. *Direito internacional Privado.* 5. ed. Rio de Janeiro: Renovar, 1997.

Fernandes, Antonio Scarance. *Processo penal constitucional*. 2. ed. São Paulo: RT, 2000.

Greco Filho, Vicente. *Direito processual civil brasileiro*. v. 2. 12. ed. São Paulo: Saraiva, 1997.

Lenza, Pedro. *Direito Constitucional esquematizado*. 7. ed. São Paulo: Método, 2004.

Mancuso, Rodolfo de Camargo. *Ação popular*. 4. ed. São Paulo: RT, 2001.

Mazzilli, Hugo Nigro. *A defesa dos interesses difusos em juízo*. 14. ed. São Paulo: Saraiva, 2002.

Meirelles, Hely Lopes. *Direito Administrativo brasileiro*. 27. ed. São Paulo: Malheiros, 2002.

__________. *Mandado de segurança*. 25. ed. São Paulo: Malheiros, 2003.

Moraes, Alexandre de. *Direito Constitucional*. 17. ed. São Paulo: Atlas, 2005.

Nery Júnior, Nelson. *Princípios de processo civil na Constituição Federal*. 6. ed. São Paulo: RT, 2000.

Silva, José Afonso da. *Curso de Direito Constitucional positivo*. 23. ed. São Paulo: Malheiros, 2004.

Tavares, André Ramos & Rothenburg, Walter Claudius (orgs.). *Argüição de descumprimento de preceito fundamental: análise à luz da Lei 9.882/99.* São Paulo; Atlas, 2001.